Le marketing expliqué à ma mère

L'art du positionnement « produits »

Éditions d'Organisation
Groupe Eyrolles
61, bd Saint-Germain
75240 Paris cedex 05

www.editions-organisation.com
www.editions-eyrolles.com

Avec la collaboration de Julie Bouillet

ISBN : 978-2-212-53867-0

Morald CHIBOUT

Le marketing expliqué à ma mère

L'art du positionnement « produits »

EYROLLES
Éditions d'Organisation

Remerciements

Merci à ma famille d'avoir supporté mon manque de disponibilité. De leur soutien sans faille sont nés une force et une fierté qui m'ont encouragé pendant les longs mois de cette rédaction.

Merci à Olivier Khatchikian pour ses conseils précieux.

Je voudrais également remercier tous les amis qui m'ont offert avec une grande générosité leurs avis, leurs contributions et leurs encouragements, à chaque étape de l'élaboration de ce livre.

Sommaire

Avant-propos

Pourquoi diable écrire un énième livre sur le marketing ? Quelle folie me pousse à vouloir mêler ma voix à celles des prestigieux théoriciens de la discipline ? N'y voyez aucune outrecuidance de ma part mais simplement la volonté de répondre à une légitime interrogation de ma mère. À l'issue d'un reportage diffusé sur TF1, où j'étais interviewé au titre de « cadre dirigeant issu de l'immigration », ma mère m'a posé une question d'une évidente simplicité : « C'est quoi, au juste, le marketing, mon fils ? » Après quelques secondes d'une intense réflexion et totalement incapable de répondre de façon synthétique à cette question malgré des années de pratique, j'ai choisi la voie de la simplicité. Plutôt que de l'assommer avec de grands discours de type universitaire, je l'ai emmenée au supermarché pour lui montrer la mise en scène des produits et lui ai fait regarder et écouter des publicités sur différents médias. Après quoi j'avais toutes les cartes en main pour lui dévoiler l'envers du décor. J'ai choisi des mots simples pour décrypter les mystères de cette science et lui expliquer les recettes de cette subtile alchimie qu'est le marketing.

Pourquoi s'est-elle jetée sur cette promotion de graines de couscous alors que son placard en déborde ? Pourquoi avoir acheté ce shampooing, ces yaourts, ce café plutôt qu'un autre, avoir craqué pour ce gadget électroménager dont elle ne se servira jamais ? Tout simplement parce que quelque part sur cette vaste planète, des gens ont identifié un marché, des besoins, des désirs, des plaisirs, des frustrations, des manques. Pour cela ils ont diligenté des études pour définir le produit, en mesurer le potentiel, bâti une offre singulière, segmenté un marché et cherché un cœur de cible, positionné cette dernière autour d'une promesse et mis en œuvre les moyens destinés à la faire connaître, et susciter le désir d'acheter. À peu de choses près, le marketing ce n'est que cela. Provoquer la rencontre entre l'offre et la demande ou inversement. Au final, quelque chose de très simple et de très compliqué à la fois.

Mais il n'y a pas que les produits qui sont les créatures des techniques du marketing ; elles s'appliquent aussi aux individus. Par exemple, en accompagnant des jeunes issus des cités dans leur recherche d'emploi, où la problématique est « Comment se vendre sur le marché du travail lorsque l'on est issu des minorités dites visibles ? », je leur ai conseillé ces mêmes techniques pour les aider à mieux se vendre. Autre public, autre question, mais toujours le même terrain : le marché. Je les ai amenés à appliquer trois règles simples mais essentielles en marketing : se « packager » ; définir une promesse ; se positionner. Voilà comment le coaching rejoint le marketing…

L'observation attentive des campagnes électorales américaines, anglaises et récemment la campagne de 2007 en France montre qu'elles sont toutes pensées et élaborées sur la base d'une plate-forme marketing où le produit est le candidat et son programme. Le programme électoral constituant les promesses avec un positionnement sur chaque attente des consommateurs-électeurs ; le vote étant l'acte d'achat final comme dans un linéaire de magasin.

Comment faire comprendre les mécanismes qui amènent au tout-marketing, comment fournir au lecteur les clés d'explication de la réussite ou de l'échec des produits ou des stratégies électorales ? Comment faire partager ma longue expérience humaine et professionnelle, fruit de vingt années d'observation à la loupe de la « vie consumériste » ? En écrivant cet ouvrage que j'ai voulu simple, accessible, parfois humoristique, souvent décapant mais jamais critique, j'espère avoir donné des clés pour comprendre l'envers du décor du marketing.

Introduction

« Tout est marketing ». Derrière l'implacable vérité de la formule, se cachent une posture, un mode de fonctionnement, des pratiques qui imprègnent profondément nos sociétés et sous-tendent beaucoup de nos conduites. Le marketing produit, individu ou politique ne laisse rien au hasard...

Monsieur et Madame Toutlemonde, en consommateurs avertis, ne sont pas dupes : ils ont compris depuis longtemps que le moindre produit qu'ils achètent dans leur magasin favori, ou sur Internet, est le fruit d'un long processus d'analyse (étude de marché, définition du produit cible, positionnement, promesse, avantage concurrentiel, etc.). Ils ont décodé ces pratiques. Mais ont-ils pris conscience qu'eux-mêmes se « markettent » au quotidien, dans le choix des vêtements, le style de maquillage, la coupe de cheveux ou de rasage, l'école des enfants, la pratique d'un sport ou d'un loisir, le mode de séduction ? Tous ces signes envoient des messages et contribuent à les « positionner » dans leur entourage.

Les plus fortunés d'entre eux font appel aux services de « coachs » personnels, qui les transforment en « produits plus », prêts à affronter le marché du travail, de l'amour ou de la séduction. Les associations ne sont pas les dernières à élaborer des stratégies, à utiliser les outils du marketing, pour susciter la générosité des donateurs : la campagne télévisée annuelle du Téléthon en fournit une formidable illustration. Dans un autre style et à titre d'exemple le très fermé et influent « Wine Business Club » joue astucieusement sur un élitisme axé sur le choix et le partage convivial d'un produit raffiné : le vin, que seuls les véritables connaisseurs peuvent apprécier, et le ciblage d'une clientèle de *« happy few »* triés sur le volet.

Le marketing politique, quant à lui, a fait une entrée spectaculaire dans la campagne présidentielle de 2007. En instaurant les débats participatifs, Ségolène Royal n'a fait que lancer une immense étude de marché, tandis que l'équipe de Nicolas Sarkozy multiplie les enquêtes sectorielles. Les cœurs de cible (enseignants, agriculteurs, patrons de PME, jeunes couples, enfants des banlieues…) sont appréhendés de façon quasi scientifique. Aucune catégorie n'est négligée et les promesses sont parfaitement ciblées. Chaque candidat se positionne au cœur de la campagne : Mitterrand était le père de la Nation, Jacques Chirac le rassembleur, Nicolas Sarkozy veut être l'homme de « la rupture tranquille », tandis que Ségolène Royal se pose en candidate de « l'ordre juste » et Francois Bayrou « l'homme qui dépasse les oppositions gauche-droite ».

Tous ces constats ont dicté l'ordonnancement de l'ouvrage en trois parties.

Première partie : redonner au marketing ses lettres de noblesse

À l'origine, le marketing est un régulateur des marchés, un ensemble de techniques permettant la rencontre de l'offre – produit d'une entreprise – avec les attentes des consommateurs afin d'optimiser les ventes et de satisfaire au mieux les consommateurs, tout en contribuant à la croissance économique. Cependant, pour beaucoup, il a largement outrepassé son rôle initial. Décrié, voire diabolisé, il est accusé d'être un véritable outil de manipulation des masses, d'avoir sournoisement pollué toutes les sphères de la société. Citoyens-consommateurs-marketeurs, nous sommes tout à la fois les « victimes » et les acteurs du marketing. Appliquer ses méthodes devient le passage obligé pour la réalisation de nos objectifs personnels et professionnels.

Au cours des Trente Glorieuses, qui ont vu prospérer la société d'abondance, le consommateur se contentait d'être le réceptacle passif du marketing. Après des années de privation, il accueillait les produits pour ce qu'ils étaient : une réponse à un besoin. Cette époque est bel et bien derrière nous. Les marchés sont de plus en plus concurrentiels ; de nouveaux produits et services liés à l'essor de la société de l'information veulent leur part de gâteau et les marques, devenues trop grandes, trop fortes, perdent leur autorité. La consommation n'est plus à l'évidence une fin en soi. C'est désormais le citoyen-consommateur, surinformé, sursollicité, à la fois versatile et sûr de ses choix, qui dicte sa loi au marketing. Aidé par le méta-médium Internet, il prend la parole, donne son avis, devient émetteur de messages. Bref, il prend le pouvoir, refuse d'être un pantin manipulé par des forces invisibles. Il ne se contente plus d'un rôle de figurant, il veut être l'acteur principal, voire le coproducteur de la société de consommation. Les marques ont compris le sens du message. Les politiques suivent, en ouvrant à la discussion publique des blogs et des forums : une nouvelle forme de citoyenneté se dessine, fondée sur le dialogue interactif et le « contrat relationnel ».

Ce transfert des pouvoirs apparent ne change cependant rien aux fondements du marketing. Il peut être plus relationnel, plus compassionnel, plus participatif. Il n'empêche, aujourd'hui comme hier et probablement comme demain, il repose sur trois concepts-clés : la segmentation, le positionnement et la promesse.

Deuxième partie : comment rechercher la cible

La deuxième partie de l'ouvrage est consacrée à la notion de segmentation, qui pourrait se résumer à la phrase « choisir, c'est renoncer » ; elle met en lumière les mécanismes qui concourent à la recherche d'une cible. Toutes les femmes attendent d'une lessive la même chose : la propreté de leur linge. Mais certaines demandent plus : les unes privilégient la blancheur, les autres la douceur, d'autres encore l'éclat des couleurs, etc. La segmentation consiste, en s'appuyant sur une grille de critères constamment affinée, à identifier sur un même marché des groupes de consommateurs ayant les mêmes attentes vis-à-vis du produit. Les politiques, à l'image des grandes entreprises, pratiquent les mêmes méthodes. Or cette volonté de personnaliser toujours plus l'offre a généré ces dernières années une stratégie de microsegmentation dont les coûts ne cessent de s'élever, sans que le consommateur y trouve son compte. Devenu de plus en plus complexe, le marché subit la loi du vieil adage qui veut que « trop d'offre tue l'offre ».

Troisième partie : l'incontournable positionnement

Enfin, l'ambition de la troisième partie est d'expliquer que le positionnement est la clé incontournable pour réussir le lancement d'un produit ou d'un candidat. Un mot que les médias ont largement contribué à vulgariser. En marketing, la notion de positionnement se fonde sur le principe de différence : se positionner, c'est affirmer son identité, c'est aussi se différencier. Enfin, c'est prendre la parole sur le marché en revendiquant sa spécificité. À l'image des humains qui ne se ressemblent que dans leur différence, le marketing s'attache à mettre en avant une ou plusieurs caractéristiques pour donner à voir l'unicité de l'offre. Forme, fonctionnalités, design, services, selon les marchés et/ou les objectifs de la marque ou du produit, les marketeurs appuient sur un bouton ou un autre.

Comment mener à bien une politique de positionnement ? Doit-on le faire en fonction de ses propres objectifs ou bien en fonction de la concurrence ? Quels axes retenir, faut-il craindre d'être un « me-too-product » et peut-on en faire un avantage concurrentiel ? À travers des exemples empruntés au monde de l'entreprise ou à la vie politique, nous tenterons de comprendre comment le positionnement crée l'aspérité et laisse une empreinte morale et peut même devenir la clé de la réussite personnelle et professionnelle.

Dans *Post-scriptum sur les sociétés de contrôle*, le philosophe Gilles Deleuze écrivait : « *Le marketing est maintenant l'instrument du contrôle social et forme la race impudente de nos maîtres*[1]. » Dans notre société postmoderne où tout est marketing, redevenir le maître de son destin suppose que chacun d'entre nous accepte d'assumer les conséquences de sa fonction : comarketeur d'un monde en construction.

1. Gilles Deleuze, *Post-scriptum sur les sociétés de contrôle*, Éditions de minuit, 1968.

I

Les mutations du marketing

Seule est constante l'inconstance
du consommateur.
[Anonyme]

1

Dé-diaboliser le marketing

« Tous les marketeurs sont des menteurs »[1]

Ce n'est pas *60 Millions de Consommateurs* qui le dit mais Seth Godin, gourou attitré des nouveaux rois de Wall Street. Dans son rôle de super menteur, l'homme influent de la pensée marketing ne se contente pas d'écrire un nouvel éloge du mensonge, il incite la communauté à un examen de conscience salutaire. Bouc émissaire des dérives de la société de consommation, le marketing est régulièrement cloué au pilori par tous les bien-pensants de cette même société. Pas un jour sans qu'un média, une association de consommateurs ou un groupe de pression ne pointe du doigt ses promesses non tenues. Au fond, le châtiment est-il vraiment mérité ? À l'abri dans sa boîte noire, le marketing s'est laissé tenter par la facilité, la surenchère. Pour sortir du purgatoire, il est désormais sommé d'opérer dans une maison de verre. La transparence doit succéder à l'opacité. Sauf que la transparence n'a jamais été un gage de vérité et que le consommateur n'est pas dupe de l'illusion. Les émissions

1. Seth Godin, *Tous les marketeurs sont des menteurs*, Maxima, 2006.

de téléréalité ne sont que des représentations de réalité, des programmes scénarisés diffusés aux quatre coins de la planète. Du casting aux émois amoureux des acteurs de la farce, tout a été marketé. La téléréalité n'a qu'un but : gonfler l'audimat et la part de marché d'une chaîne. Le téléspectateur a-t-il crié au scandale, à la manipulation ? Bien au contraire, malgré les ficelles, il s'est laissé emporter par le Loft, Koh Lanta et autres émissions à succès populaire et ses avatars, ces contes modernes, qui, comme les belles histoires de notre enfance, voient triompher la beauté, le talent, l'ingéniosité, ces fables contemporaines imaginées par des armées de marketeurs. Bref, une part de rêve dans une société secouée par l'angoisse du lendemain.

En affirmant avec malice et la dose de provocation qui sied au trublion, Seth Godin ne fait que confirmer ce que le bon sens populaire ne peut ignorer. Les marketeurs sont effectivement des faiseurs de légendes. Chaque jour, ils écrivent de nouvelles histoires. Lorsqu'elles sont bien racontées, lorsque l'individu y trouve un quelconque intérêt, un intérêt tout personnel, il est même prêt à payer plus cher que de raison les promesses du marketeur. Soyons honnêtes, quel être normalement constitué peut réellement penser, que sans les filets au thon Sheba, son chat se laisserait mourir de faim, que sans le dernier BlackberryPearl, c'est le deal du siècle qui échappe au cadre dynamique, que sans le dernier yaourt l'homme de la rue va se laisser mourir de faim ? Aucun. Les temps du consommateur gogo à qui l'on vend tout et n'importe quoi est révolu. En revanche, l'individu, malgré les injonctions de la société, refuse à se considérer comme un être dont les choix ne sont dictés que par la raison. Si tel était le cas, la mention « fumer tue », vérité élémentaire, devrait à elle seule lui interdire d'approcher un paquet de cigarettes, les mises en garde répétées contre la vitesse au volant condamneraient les grosses berlines et les crèmes antirides auraient depuis longtemps disparu des vitrines des parfumeries. Le marketing ment ? manipule parfois le consommateur moyen qui veut bien l'être ? alors pourquoi vouloir le nier ? Puisque au final, ce consommateur est prêt à pardonner ses mensonges, pour peu qu'ils soient sincères. En revanche, il condamne sans appel sa mauvaise foi, ses faux-semblants, ses pratiques, ses promesses non tenues. Au fil du temps, le menteur de Seth Godin s'est métamorphosé en Monsieur Plus des biscuits Bahlsen. En faiseur d'histoires bien nécessaire.

Toujours plus de douceur, de légèreté, de technologie, de puissance, d'efficacité, de choix. Dans cette course à la valeur ajoutée, conséquence de la banalisation des marchés, le marketeur a perdu de vue l'essentiel. Les yeux rivés sur ses tableaux de bord et sa pyramide de Maslow[1], il a oublié que la valeur ne vaut que si elle est partagée par tous, entreprise et clients. Or, à n'en pas douter, si l'entreprise s'enrichit, le consommateur-citoyen, lui, n'a toujours pas touché la terre promise. À trop vouloir être le seul ordinateur des besoins et désirs de l'individu, du collectif, de la société, le marketing a fini par créer et nourrir un sentiment de rejet. Rejet de ses pratiques, rejet des marques et au final rejet d'une idéologie qui s'impose à tous comme une évidence indiscutable. Il ne faut pas oublier que le comportement du consommateur est passé d'une logique de besoin à celle d'usage (principalement dans la société occidentale)[2].

1. Célèbre psychologue américain, Abraham Maslow a défini une hiérarchie des différents besoins de l'homme. Pour qu'il atteigne son plein développement, l'ensemble de ces besoins, classés en cinq grandes catégories – physiologique; sécurité, affection, estime et accomplissement de soi –, doivent être satisfaits.
2. Jacques Belly, « Fondation des "business models" gagnants », *L'Expansion Management Review*, 2006.

Pourtant, à y regarder de près...

Le marketing n'est pas qu'une idéologie servant les profits de la seule entreprise, c'est une culture vivante, capable de se réinventer, de se transformer pour s'adapter à son environnement. Philip Kotler, grand théoricien de la discipline, a même donné un nom à sa dernière mutation : le marketing social[1]. À la différence du marketing traditionnel, ce marketing-là ne vend pas un produit mais une idée. Une idée qui se propage dans un individu, un groupe et conduit à l'adoption de nouveaux comportements. Sa vocation n'est pas de promouvoir un bénéfice direct et immédiat, profitable à son seul émetteur, mais de provoquer des modifications dans les attitudes, des modifications profitables à l'individu, au groupe ou à la société. À la marge de cette nouvelle dimension de la discipline, quelques marketeurs ont dessiné les contours d'un marketing moins impérialiste : marketing éthique (café Malongo) ; communautaire (magazine *Têtu*) ; sensoriel (Natures et Découvertes) ; de la simplicité (Apple, eBay, Google). En misant sur l'intelligence du consommateur, en mettant en avant son bien-être, en lui délivrant des promesses utiles et réelles, ce marketing vise à réconcilier les attentes des deux parties.

On pourra objecter que derrière ces nouvelles dénominations, c'est toujours le même but qui est poursuivi par l'entreprise : convaincre le consommateur de préférer ses produits à ceux de ses concurrents. Et c'est exact. Organiser l'échange de valeur avec le client pour développer la valeur de l'entreprise est une des principales, voire la seule mission du marketing. Et à moins de prôner le retour à une société de troc ou à une société primitive, et sa cohorte de barbares, il faut bien reconnaître que non

1. Philip Kotler, Ned Roberto, Nancy R. Lee, *Social Marketing : Improving the Quality of Life*, Sage, 2002.

seulement le marketing est partout, mais surtout qu'il n'y a pas d'alternative au marketing. Jusqu'à preuve du contraire, ses principaux détracteurs, anti ou alters, n'en proposent aucune qui soit crédible pour l'heure. Rétablir au sein d'une société marchande, une relation gagnant-gagnant, ne devrait pas être mission impossible. Mais encore faut-il que le marketing cesse d'être « auto-centré » et que le consommateur ne se considère plus comme l'agneau sacrificiel du capitalisme et accepte sa part de responsabilité dans les dérives de cette société de consommation où toutes les paroles se valent, où tout n'est que prétexte à communication.

L'individu peut regretter que les apprentis artistes de la « Star Ac » soient des produits marketing, que l'arrivée du très professionnel Harry Roselmarck à la grand-messe du 20 heures en juillet 2006 relève du coup marketing, mais au final, le téléspectateur, lui, s'en régale. N'est-ce pas la preuve évidente qu'il est entendu, que son avis est pris en compte ? L'opinion est désormais prête à accepter qu'un journaliste noir présente le Journal Télévisé le plus regardé de France, ont déclaré en substance les patrons de TF1 pour justifier et conforter l'arrivée du bel Harry. Quant à la Star Ac, la Nouvelle Star ou autre Bachelor, il ne faudrait pas trop pousser les patrons des chaînes pour qu'ils les vendent comme un exercice de démocratie directe, la revanche de la France d'en bas sur la France d'en haut. Et que dire de la délectation du téléspectateur-citoyen à voir les politiques distiller avec subtilité leurs bons mots sur les plateaux de télé. À la manière des produits de grande consommation, dont ils adoptent les argumentaires commerciaux, ils sont en promotion permanente. À une différence près : aucun jingle ne vient dire « et maintenant trois minutes de pub ». Lorsqu'en septembre 2006, *Télérama* accompagne le lancement de sa nouvelle formule d'un original et très marketer « dimanche 15 janvier, Vivement Dimanche. Nicolas

Sarkozy devrait faire attention, c'est la troisième fois qu'il invite Michel Drucker dans son émission », le magazine culturel joue sur du velours.

Les invasions barbares ?

Les pratiques marketing, à commencer par la communication, son expression la plus visible, ont franchi les frontières de l'entreprise pour s'immiscer dans toutes les sphères de la société, du produit au politique en passant par le domaine personnel. Lorsqu'il (ou elle) se plante devant le site Meetic ou match.com pour trouver l'âme sœur, le candidat à la séduction se positionne et fait des promesses (de tendresse, de vie à deux, de partage, de rire, de sorties romantiques…) dans le seul objectif de séduire comme un produit sa cible. Plus encore lorsque les politiques s'invitent sur les plateaux d'émissions de variété, ils ne viennent plus défendre uniquement une opinion, débattre des choix de société ; camelots de la Samaritaine cathodique, ils rabattent le chaland. Tous les ingrédients du mix-marketing sont réunis pour toucher une cible, conquérir de nouveaux fidèles et gagner des parts de marché.

Pour chasser le doute et donner des preuves de bonne foi, ils n'hésitent plus à faire appel à l'une des vieilles ficelles de la réclame : les testimoniaux. Pour le marketing moderne, notre Johnny national, Basile Boli, Emmanuelle Béart et autres personnalités marquantes sont à Nicolas Sarkozy ou à Ségolène Royal ce que Jacques Weber est à Danacol : une réassurance. Il en va de même pour les autres candidats aux présidentielles. Les intéressés peuvent s'en offusquer, se défendre de mêler les genres, de ce côté-ci aussi de l'Atlantique, le politique applique à l'envi les règles du marché. Chez nos voisins anglo-saxons, beaucoup moins chatouilleux sur la question, l'emprunt aux méthodes propres au marketing produit n'est plus un sujet tabou. Aux États-Unis comme en Grande-Bretagne, le « *spin doctor* », terme difficilement traduisible mais devenu sous la plume d'internautes lumineux et facétieux docteur « Folimage », fait officiellement partie du paysage politique. Éminence grise du postulat à l'investiture, il fait le président ou la présidente en dirigeant l'opinion. Maître en communication et en marketing produit le *spin doctor* vend son candidat comme Procter & Gamble vend la marque Tide (Ariel en France), les yeux rivés sur les études d'opinions et les différents tableaux de bord du marché. Stratégies, programmes, plans médias, personnalité du candidat (packaging des produits), le faiseur de président veille à chaque détail pour faire triompher son poulain, quitte à franchir sans hésitation les lignes blanches. En poussant au paroxysme les méthodes du marketing produit – publicité comparative, campagnes de dénigrement, exploration des bases de données… – le conseiller très spécial ne recule devant rien pour orienter, voire manipuler (diront les détracteurs) l'opinion. Comparés à Karl Rove, *deus ex machina* de Georges W. Bush ou Alastair Campbell, ex-conseiller de Tony Blair. Les hommes de l'ombre de nos candidats font encore et pour le moment figure d'enfants de chœur, bien que la campagne présidentielle 2007 a mis en évidence leur influence toujours grandissante. Non pas qu'ils soient moins talentueux ou plus intègres. Dans l'Hexagone, la communication politique répond encore à quelques règles et la loi restreint le champ d'expression des uns et des autres aux grands médias. Au nom de l'équité et d'une certaine morale, les spots publicitaires politiques sont interdits, l'affichage est très réglementé et les prises de parole des uns et des autres sont comptabilisées. Le marketing politique d'accord, la publicité comparative, pas question. Et qu'importe que le Net soit devenu un champ de bataille où tous les coups sont permis, tant que les apparences sont sauves, le marketing politique conserve une certaine éthique.

Irrité par un système qu'il contribue à cautionner, l'individu-consommateur est confronté à son ambivalence. Sans sa complicité, duplicité, le marketing ne serait pas sorti du pré carré des relations marchandes. Il n'aurait pas envahi toutes les sphères de la vie et fait naître toutes ces frustrations. Des frustrations à l'origine de sa révolte et de sa volonté de reprendre la main. Et de zapper cette émission qui lave le cerveau, de renoncer à cette boisson probiotique aux effets visibles à l'intérieur comme à l'extérieur, de fusiller les marques, ces idoles d'hier. Le consommateur entre en résistance contre ce marketing, le mal absolu. Ce « diable », qui lui promet l'éternelle jeunesse contre quelques euros.

C'est quoi, au fond, le marketing ?

Mais à bien y réfléchir, le marketing, qu'il soit social ou traditionnel, n'a rien de diabolique. Il est plus simplement une discipline nouvelle pleine de subjectivité et de débats, qui mêle l'intuition, le bon sens, et parfois le génie et échappe aux schémas de pensée des ingénieurs et des cartésiens prompts à modeler tout ce qui passe sous leurs doigts. La rationalité n'a pas cours pour comprendre les désirs, les attentes d'un marché. Si c'était le cas, les deux tiers des produits lancés chaque année ne seraient pas des échecs. Quant à sa finalité, soyons justes, elle n'est pas de tromper les foules mais tout bonnement de concevoir des biens susceptibles d'améliorer le quotidien et de répondre à des problèmes de plus en plus nombreux. Le marketing fonctionne sur des règles simples : avoir un bon produit, définir une promesse, obtenir un bon positionnement, lui attribuer des valeurs, et cibler une clientèle. Le tout emballé par une bonne campagne de communication et des moines guerriers de la vente. Plus fondamentalement, le marketing est une alchimie, un subtil mélange, une valse à trois temps dont le premier consiste à connaître le marché, pour dans un second temps définir une stratégie et enfin les moyens à mettre en œuvre pour l'appliquer.

Comprendre le marché et ses différentes composantes – le client, les pouvoirs publics, les concurrents, les tendances, les offres – c'est le but assigné au marketing études. À lui de trouver les informations qui permettront à l'entreprise d'agir. Véritables nerfs de la guerre commerciale, ces informations font l'intelligence du marketing. Sans elles, et à moins d'une vision lumineuse qui s'imposera à tous, le marketing est démuni. Études d'usages et d'attitudes, de marché, bases de données, une batterie de plus en plus fournie d'outils prend la température des marchés et des consommateurs tandis que des bataillons de sociologues, psychologues et autres statisticiens analysent les informations recueillies. Plus ou moins intrusives, ces méthodes à la croisée des sciences humaines, des neurosciences et des mathématiques ont fait naître un réel sentiment de risque chez le consommateur. Le risque de devenir une créature manipulée par un Big Brother. Riche de toutes ces informations, l'entreprise va pouvoir passer à la phase deux du processus. Le marketing stratégique et son triptyque imparable – segmentation, ciblage, positionnement – se mettent en œuvre. Définition des objectifs, détection des opportunités de croissance, identification des cibles prioritaires et secondaires, création d'une différenciation pour stimuler la demande, allocation de moyens, la machine de guerre est prête pour aller conquérir les esprits et réveiller le désir. Le marketing opérationnel peut enfin prendre le relais et raconter l'histoire qui provoquera la rencontre puis la fidélisation. La démocratie participative, ou l'art du partage, concept promu par la dernière pré-campagne électorale, a ainsi réanimé les désirs de politique des électeurs.

Seulement voilà, et tous les analystes de la société de consommation s'accordent à le dire : le consommateur est devenu infidèle, imprévisible et complexe. Il échappe aux prévisions des spécialistes du marketing, de la communication, de la politique…[1] Pour recréer un lien, ré-enchanter la société, le marketing doit proposer de nouveaux contrats aux consommateurs. Reste à savoir sur quelles bases s'engager. Régime de la communauté, séparation des biens, participation aux acquêts, communauté universelle, union libre… Autant dire que la tâche du marketing s'est considérablement complexifiée tant le consommateur, dans son ambivalence, est prêt à jouer avec les clauses du contrat.

Faute d'avoir trouvé le bon dosage de cette alchimie, les couleurs d'Air Liberté ne flottent plus dans les airs alors qu'Easy Jet a fêté ses dix ans et ses 100 millions de passagers. L'un et l'autre nous promettaient pourtant l'avion moins cher. Pour expliquer l'échec du premier, on peut mettre en avant la notion de temporalité – le marché n'était pas prêt à la concurrence –, une mauvaise perception de la promesse client, ou un manque de lisibilité du positionnement. On peut également évoquer la toute-puissance de notre champion international du transport aérien, Air France. Tout comme on peut arguer que l'une des composantes essentielles du mix marketing, à savoir le prix, n'avait pas été suffisamment discounté. Mais au final, l'explication rationnelle de l'échec d'Air Liberté est difficile à trouver. À moins de penser que la compagnie, dans sa volonté d'être différente, ne se soit arrêtée au milieu du gué. Par manque d'audace ou d'intuition, Air Liberté n'a pas osé casser le modèle du transport aérien et imposer une nouvelle idée : le vol aérien sec. Un concept que Easy Jet ou Ryan Air ont en revanche brillamment converti en avantage concurrentiel.

1. France 2006, société sans mercis, Ipsos.

Avant le produit : le concept

Transformer une idée générale, parfois une vision, issue d'une observation fine du marché en jackpot commercial, quelque peu sommaire, la formule résume aujourd'hui encore la fonction du marketing. Une idée aussi géniale soit-elle ne devient un concept profitable que si elle rencontre son marché. L'idée d'un ordinateur libérant ses utilisateurs de la boîte noire de l'informatique ne serait jamais devenue le Mac, si les fondateurs d'Apple n'avaient pas appliqué à leur bébé les 4 P du marketing-mix : *product* (produit), *price* (prix), *place* (distribution) et *promotion* (communication). Le souhait, au lendemain d'une terrible guerre, de réunir dans un village de vacances des hommes et des femmes pour leur faire partager la passion des sports nautiques ne serait jamais devenu le Club Méditerranée, si Gilbert Trigano n'avait pas traduit la lumineuse idée, la vision du diamantaire belge Gérard Blitz en concept marketing : les vacances tout compris. Le bonheur égalitaire. C'est sur cette même idée généreuse que les deux amis André Essel et Max Théret, grands amateurs de photo, créaient au milieu des années 50 la Fédération nationale d'achats des cadres. Offrir au plus grand nombre des biens culturels au meilleur prix, défendre les intérêts des consommateurs, les transformer en associés, en adhérents, en militants, cinquante ans plus tard le concept original de la FNAC demeure intact, du moins dans l'esprit d'une grande majorité de ses clients. À l'heure où il est de bon ton de vouer aux gémonies le marketing et son absence totale d'éthique, il est toujours réconfortant de constater que les concepts qui durent sont nés d'idées généreuses et universalistes. Dans l'expression « biens de consommation », il y a le mot « bien », il serait peut-être temps de s'en souvenir. Un bien sur lequel le premier vendeur de meubles du monde, Ikea, a basé son succès. En déclinant les versions populaires du beau, du design, en offrant du style à tous (son concept), le roi du kit a fait du meuble, cette chose qui en impose, un produit de consommation courante. Plus encore, c'est sur la base du concept de mobilité vitale qu'est né le téléphone mobile.

En fonction des informations et des moyens de l'entreprise, le rôle du marketeur est donc de transformer le concept en une offre susceptible de rencontrer la demande du marché, voire parfois de l'anticiper. Pour rester dans l'univers du marché aérien, le concept d'Air France, aujourd'hui traduit par sa signature publicitaire « faire du ciel le plus bel endroit de la terre », consiste à offrir à ses passagers tout ce qui fait le charme de la France, une certaine idée du luxe, du confort, de la gastronomie…, sans oublier, bien sûr, la sécurité de ses vols et le professionnalisme de ses équipages. Toutes ces qualités qui font de la compagnie nationale l'une des championnes de sa catégorie. Embarquer sur ses lignes est un moment d'exception, un voyage dans le voyage. Le prix à payer étant proportionnel au niveau de services rendus ou du moins attendus.

Le concept d'Easy Jet est tout autre. En proposant à ses passagers de ne payer que le prix de l'essentiel, le déplacement d'un point à un autre de ses lignes, la compagnie a banalisé l'aérien en le transformant en produit de grande consommation. Elle ne fait pas voyager ses passagers, elle les transporte vers une destination. Et qu'importe si emprunter ses lignes est aussi excitant que de prendre le bus pour se rendre à l'aéroport. Le vrai voyage commence à la descente de l'avion. En tournant le dos aux modèles des compagnies classiques, en opérant une rupture, la promesse client d'Easy Jet a convaincu là où celle d'Air Liberté a échoué.

Paroles, paroles, paroles…

La promesse client (le bénéficie qu'il tirera de l'usage d'un produit) est l'arme à double tranchant du marketing.

Au cœur de l'histoire racontée par le marketeur, c'est d'elle dont dépend le succès de l'offre. Elle doit être suffisamment forte, compréhensible, pour inciter à la curiosité, conduire à l'essai mais elle doit surtout faire ce qu'elle dit faire si elle veut provoquer l'adhésion. Le consommateur peut se faire piéger une fois, jamais deux. Définir une promesse client, c'est donc rechercher dans les attributs de l'offre, dans les gènes du concept ou de l'idée, l'élément de différenciation qui pourra être délivré le plus clairement et le plus efficacement possible aux consommateurs. Dans le cas d'Easy Jet, la promesse client se résume en deux mots : prix bas. Celle des quotidiens *20 Minutes*, *Metro*, *Direct Soir* la gratuité ; celle de Dior et autres Vuitton, Gucci le luxe et l'exception ; celle de Mercedes, la sécurité et la fiabilité. Cette étape est cruciale pour passer d'un positionnement marketing à une stratégie de communication.

Pour attirer l'attention du consommateur et se faire entendre dans le brouhaha médiatique, la promesse client repose sur deux principes de base : l'unicité et la simplicité. « Trop de promesses tuent la promesse », dit la sagesse populaire. Pour rester crédible, la promesse doit être unique : aucune saleté ne résiste à Ariel, les lunettes d'Afflelou sont à moitié prix, Renault est un créateur d'automobiles, l'on vit plus en vacances avec Nouvelles Frontières, et avec la compagnie Fly Emirates « on s'ouvre à bord sur le monde ». En revanche, les géants de la cosmétique ont eu toutes les peines du monde à faire comprendre aux consommateurs français le concept des shampooings deux en un. Comment un même produit pouvait-il à la fois laver les cheveux et les adoucir ? Les conséquences sont connues. Trop complexes, les shampooings-après-shampooings sont restés en rayon avant de disparaître des lignes de production. Aujourd'hui dans les linéaires, deux offres complémentaires, shampooings et après shampooings, promettent des cheveux propres et nourris.

Afin que le consommateur enregistre le bénéfice précis de telle ou telle offre, la promesse doit également être singulière. Promettre le grand soir n'a aucun intérêt, plus personne n'y croit et beaucoup d'hommes politiques s'y sont cassé les dents. À l'opposé, promettre de remettre toute la France au travail peut s'avérer payant dès lors qu'une majorité d'électeurs adhère à la vision d'une France divisée en deux : celle qui cherche désespérément du travail, pendant que l'autre se tue à faire revivre sa grandeur. Le consommateur a compris, enregistré et décodé l'intention. D'autant que la valeur du travail est fondamentale dans le tissu social.

Autre inconvénient de la multiplication des promesses, outre une crédibilité encornée, le consommateur, noyé sous des milliers de messages publicitaires, risque d'attribuer une des promesses émises à un concurrent qui aura parlé plus fort et plus haut. Dommage, lorsqu'on investit des milliers d'euros dans une campagne destinée à faire émerger la promesse de marque. À moins de défendre une catégorie de produits ou une industrie, le sucre, le lait, les céréales, la banane, bref de faire une promotion collective, la communication de marque se fonde sur un seul avantage. Dans sa campagne pour le TGV, « Prenez le temps d'aller vite », la SNCF cible ainsi l'*Homo mobilis* en capitalisant sur le gain de temps. Le TGV, c'est l'assurance de la vitesse, de la fluidité, du confort, le rêve de tout voyageur. Quant à Alice, opérateur de télécoms, à travers son slogan « Avec Alice c'est clair », il ne promet qu'une chose : la transparence du contrat. Bien vu, lorsque les concurrents alignent les conditions particulières et les exclusions. Pour crédibiliser le discours, la promesse doit donc être unique mais pour convaincre encore faut-il qu'elle soit immédiatement compréhensible et facile à décoder. En un mot, elle doit être simple. À eux seuls, quelques chiffres devraient convaincre de la nécessité de retrouver le sens de la simplicité. Chaque jour, le consommateur est sollicité par quelque 2 000 stimuli visuels qui lui font de l'œil, courtisé par un minimum de 150 marques et lorsqu'il pénètre dans un hypermarché, ce sont 75 000 références qui lui crient « moi, moi, moi ! ». Lui donner l'essentiel des informations est donc une obligation, le noyer sous un flot d'allégations est une aberration. Le consommateur, malgré une évidente culture marketing, n'est pas un marketeur, c'est vrai. Mais il n'est pas idiot. Devant les surenchères, les offres qui trop embrassent ou qui complexifient sa lecture du marché, de la catégorie, il fuit. Ainsi, pour imposer aux bipèdes de la planète le confort de la marque Geox, ses promoteurs ne sont pas partis dans des grands discours sur les particularités de sa semelle, ils se sont contentés d'affirmer que chaussés de Geox, nos pieds sont heureux car la chaussure magique respire.

Sur ce principe de simplicité, ING Direct se fait « Créateur d'intérêt », la marque de cosmétique capillaire Phyto signe ses campagnes de publicité « Phyto, l'écologie du cheveu ». Lorsque la Française des Jeux lance Euromillions, elle promet tout simplement de devenir plus riche que riche. Un message immédiatement compréhensible. Quant à Luminou, marque de peluche dont la particularité est d'être photoluminescente, plus personne n'ignore que « dans le noir, on peut le voir ».

Transformer la promesse en bénéfice client

Aussi innovant soit-il, le concept à l'origine de l'offre ne garantit le succès que s'il rencontre les aspirations du marché. S'il apporte au bon moment et au bon endroit, un bénéfice direct et immédiat au consommateur. Michelin fabrique les meilleurs pneus neige du monde. Ses produits apportent donc un réel bénéfice à l'entreprise, au marché, sauf qu'aux Antilles, et plus globalement dans tous les endroits du monde où il ne neige pas, ce bénéfice ne sert à rien puisque Michelin ne peut le traduire en bénéfice client. Quant à la photoluminescence de Luminou, pour qui n'a pas d'enfant en bas âge, elle n'a strictement aucun intérêt. Tout comme offrir une réduction vers les appels aux États-Unis si d'ami américain il n'y a point.

Si, comme l'écrivent si justement les auteurs du *Mercator*[1], best-seller incontesté dédié à la discipline, le marketing est « *l'ensemble des méthodes et des moyens dont dispose une organisation pour promouvoir dans les publics auxquels elle s'intéresse des comportements favorables à la réalisation de ses propres objectifs* », ces mêmes auteurs ajoutent que, pour l'entreprise, « *le marketing crée de la valeur économique en créant, révélant ou promouvant de la valeur pour ses clients* ». Pour développer cette valeur ajoutée, la promesse produit doit donc être transformée en bénéfice client.

Un bon marketing de la valeur ajoutée suppose alors une réflexion en trois étapes :

1. Identifier sa propre valeur ajoutée.
2. Identifier ce qui est différenciant.
3. La traduire en bénéfice client.

Le moyen le plus simple et le plus efficace pour réaliser ces trois étapes demeure l'étude consommateurs. Qu'il s'agisse de mettre en évidence la valeur ajoutée d'une offre existante ou au contraire de travailler sur des concepts, rien ne remplace, du moins sous nos latitudes, la réalité de sa parole, de son vécu. Pourquoi a-t-il choisi l'offre, qu'en attend-il, quels sont les points forts, les points faibles, quelles sont les différences identifiées, où faut-il et comment s'améliorer ? Dès que le marketing

1. Jacques Lendrevie, Julien Lévy, Denis Lindon, *Mercator*, Dunod.

libère la parole du consommateur, et c'est la finalité des groupes consommateurs, il en sort enrichi. Il peut ainsi découvrir que le prix n'est pas le facteur déclenchant de l'achat, que l'innovation packaging n'a pas été remarquée, que le produit destiné à une consommation hors-domicile est en fait grignoté devant la télé… Mais pour que l'exercice ait un quelconque intérêt, encore faut-il que la parole du consommateur soit entendue par les professionnels du marketing. Une évidence. Et bien non, justement. Les tiroirs des divisions marketing sont remplis de ces rapports d'études qui, faute de proposer les réponses souhaitées, les enseignements espérés, finissent dans les oubliettes avant d'être redécouverts par une nouvelle équipe.

Le consommateur est un imbécile ? Le chargé d'études, un crétin ? Le service étude, incompétent ? Et le marketeur, un seigneur ? L'esprit embrouillé par ses propres certitudes, le marketeur commun développe effectivement une propension naturelle à ignorer la vérité de l'autre, dès lors qu'elle vient s'opposer à sa vérité. Père du permission marketing, Seth Godin, encore lui, n'hésite pas à écrire : *« Les hommes marketing les plus ineptes sont ceux qui se croisent les bras et insistent pour que vous écoutiez leur histoire. »*[1] Une petite claque parfois méritée par la profession dont l'empathie n'est pas la première des qualités. Et pourtant, il en faudra une bonne dose au jeune chef de produit, tout juste diplômé d'une de ces prestigieuses écoles de commerce qui font la fierté nationale, pour comprendre les attentes de la mère au foyer de la Haute-Vienne, du Berry ou du Vaucluse. Sans cette nécessaire empathie, comment pourra-t-elle trouver le ressort qui fait tilt ? Célibataire, sans enfants, pour elle aucun doute, le bénéfice client du dernier produit Clair et Net, c'est sa facilité d'utilisation synonyme de la fin des

1. Seth Godin in *Advertising Age*, 10 octobre 2005.

corvées ménagères, une valeur ajoutée sur laquelle il faut communiquer et pour laquelle la mère au foyer est prête à payer deux ou trois euros de plus. C'est ce que pense le jeune chef de produit, sauf que dans leur maison de la Haute-Vienne, du Berry ou du Vaucluse certaines mères de famille ont une toute autre opinion du ménage. Ménagères, elles le sont, ménagères, elles s'assument. Briquer, faire briller, voire peiner pour le bien de leur famille, c'est leur raison d'être à elles, alors le produit magique qui fait tout en un tour de main, non décidément ce n'est pas pour elles. Ce n'est pas ce qu'elles appellent un bénéfice client.

À moins d'avoir fait le choix d'une cible restreinte, de ces individus toujours en avance d'une tendance, la tribu des *« early adopters »* ou les premiers consommateurs *(primo-accesant)* dont immanquablement le jeune chef de produit est l'un des membres, ce n'est pas son vécu, ses désirs que l'entreprise doit « marketer », c'est la valeur ajoutée perçue par Madame Toutlemonde, le bénéfice qu'elle tire du produit et de la marque. D'un tel raisonnement se fait la réussite d'un produit, et donc de l'entreprise.

2

Le consommateur, patron du marketing ?

Cette incapacité parfois du marketing à comprendre les attentes réelles et les désirs du consommateur explique en partie l'échec de certains lancements de produits, mais aussi l'entrée en résistance des consommateurs. Obsédé par la recherche de la seule valeur ajoutée financière à court terme, le marketing joue contre son camp et met en danger le capital de l'entreprise, ses marques. À l'aube du XXIe siècle le bug de la consommation, bien réel celui-là, conduit les entreprises à une salutaire remise en question de leur pratique. Devant des résultats en chute libre, une désaffection évidente des consommateurs pour les marques, jugées trop chères, trop lointaines, quelques grands capitaines d'industrie tirent la sonnette d'alarme et réveillent un marketing figé dans un modèle dépassé. Parmi ces empêcheurs de marketer en rond, A.G. Lafley, homme fort de l'incontournable Procter & Gamble (Mr Propre, Ariel, Always, Pampers, Heads & Shoulders, Pantène, Pringles...). À l'automne 2000, devant une assemblée de communicants et autres praticiens du marketing, le patron d'une des plus puissantes multinationales du monde décrétait que l'unique boss de l'entreprise serait désormais le consommateur. Le satisfaire ne devait plus être une vue de l'esprit mais le but alloué à chacune des initiatives de l'entreprise. En replaçant le consommateur au cœur du modèle « consommatoire », position qu'il n'aurait jamais dû quitter tant l'essence même du marketing est le consommateur, le patron de Procter & Gamble, entreprise emblématique de la planète marketing qui a formé des générations entières de chefs de produits, entérinait le renversement des forces entre l'offre et la demande. Entre l'entreprise et le consommateur. Avec d'autres, il ouvrait un débat théorique qui n'est toujours pas clos et qui agite régulièrement Landernau du marketing. Ce dernier doit-il privilégier la stratégie de l'offre, qui consiste à trouver des consommateurs à ses produits, ou au contraire s'engager dans une stratégie de la demande et trouver des produits pour ses consommateurs ?

On pourra utilement objecter que sans offre, il n'y a pas de demande et que l'inverse est aussi vrai ! Plus sérieusement, la différence majeure entre les deux démarches concerne la place accordée à la compréhension des attentes et besoins des consommateurs potentiels. Accessoirement, elle pose également la question de la posture du marketing et de son aveuglement partiel. Après avoir accepté sans broncher d'être le réceptacle silencieux du discours des marques, le consommateur, qui a pris le pas sur le citoyen, relève la tête. Conscient de son pouvoir – la consommation demeure le moteur de l'économie –, déjouant avec un cynisme certain toutes les prévisions, il attend des marques, des politiques, des médias, un minimum d'écoute et de compréhension. « La France d'en bas », formule chère à un de nos anciens Premiers ministres, Jean-Pierre Raffarin, par ailleurs homme du marketing dans une précédente vie, n'est rien d'autre que la traduction populaire du bouleversement des hiérarchies. « Le consommateur est entré en résistance contre les théories qui tentent de modéliser son comportement, contre les industriels, comme les distributeurs et les publicitaires qui tentent quelquefois, souvent en vain, de lui faire acheter n'importe quoi, à n'importe quel prix », affirme le sociologue et homme d'études Rémy Sansaloni[1]. Et le marketing, dans sa tentative désespérée de rétablir un semblant d'autorité, va désormais devoir dealer avec ce consommateur-là. Or historiquement rien ne le prépare au partage du pouvoir.

C'est celui qui dit qui fait

Qu'est-ce que le marketing de l'offre ? Empruntons à Jean-Marc Lehu sa définition : *« Démarche marketing qui consiste à utiliser les techniques marketing pour assurer et favoriser la commercialisation de biens et de services issus d'un processus de création et de développement qui n'a pas pris en compte les attentes et les besoins des consommateurs potentiels. Certaines marques de luxe pratiquent de la sorte. On parle parfois de "filière inversée de Galbraith". »*[2]

Depuis que le marketing est marketing, son modèle unique repose sur la faculté des entreprises, et d'elles seules, à imaginer les produits et services dont les consommateurs ont besoin. Ce marketing de l'offre, destiné à faire tourner les lignes de production, n'attache qu'une faible importance à l'écoute du client final. Un client dont le manque d'imagination est pointé du doigt lorsqu'il s'agit d'imaginer des solutions pour demain. À la question « comment rendre le transport plus rapide ? » les braves fermiers du XIXe siècle auraient-ils envisagé une seule seconde de répondre qu'il fallait inventer de nouveaux moyens de transport comme le train, la

---

1. Rémy Sansaloni, *Le non consommateur, comment le consommateur reprend le pouvoir*, Dunod, 2006.
2. Jean-Marc Lehu, *L'Encyclopédie du marketing*, Éditions d'Organisation, 2004.

voiture, l'avion ? Non, bien sûr, ils auraient regardé autour d'eux et cherché à rendre les diligences plus rapides et ces merveilleuses machines roulantes, volantes qui aujourd'hui sont des évidences n'auraient jamais vu le jour. Qui avait imaginé en pleine folie disco des années 80 que le téléphone mobile ou l'Internet auraient cette place irremplaçable dans la vie des citoyens ? *A priori*, il n'y a pas de demande pour ce qui n'existe pas encore et seule l'entreprise, et son arsenal d'outils prédictifs, est en mesure de stabiliser le marché en innovant, en lançant de nouveaux produits, en définissant leur cycle de vie. Tout le travail du marketing consiste à rendre cette offre acceptable et demandée par le consommateur et économiquement rentable pour l'entreprise. Hans Snoock, le fondateur d'Orange, répondait à cette interrogation ainsi : *« Il ne faut pas interroger les clients sur ce qu'ils veulent, mais sur les problèmes qu'ils rencontrent dans leur vie de tous les jours. C'est en les aidant à résoudre ces problèmes que l'on invente les solutions de demain. »* Simple constat de bon sens dans une société saturée par des offres similaires et parfois peu innovantes.

Jusqu'à la fin des Trente Glorieuses, ce système de la primauté de l'offre s'est avéré payant. Il le demeure sur les rares marchés qui s'ouvrent à la concurrence, sur les marchés oligopolistiques ou à faible différenciation. Durant ces temps bénis qui voyaient naître les marchés de masse, il suffisait de produire et de distribuer pour que le consommateur consomme. « La complainte du progrès », petit bijou annonciateur du désenchantement de la société de consommation, écrit en 1955 par Boris Vian, retrace avec jubilation ses premiers pas. Dans ce système, le marketing de l'offre repose sur une analyse quantitative des marchés (potentiel, coût, part de conquête...). Une approche qui demeure nécessaire et fondamentale. Reste à savoir aujourd'hui, si elle doit être le point de départ du marketing ou son aboutissement...

Faut-il lancer un nouveau yaourt parce que le lait est en surproduction, que la part de marché de ma marque « Douceur Lactée » s'effondre et que la distribution me le demande ou bien dois-je le faire parce que le consommateur exprime des besoins de santé et de naturalité, besoins auxquels mon savoir-faire peut légitimement apporter une réponse ?

Ainsi, avant d'être théorique, le grand débat autour de l'offre et la demande est une question de point de vue. La marque qui gagne est celle qui parvient à en faire la meilleure synthèse à travers la promesse la plus acceptable. Et ce qui est vrai pour le marketing produit, l'est autant pour le politique. L'offre est multiple, la demande ne l'est pas moins. Sécurité, pouvoir d'achat, chômage, écologie, développement durable. Sans vouloir répondre à tous ces besoins, le vainqueur est parvenu à les synthétiser dans un projet d'avenir.

Dans la logique d'un marché de l'offre, le travail du marketing consiste donc à développer des catégories de produits, à gérer les lignes, à veiller à leur mise à disposition, afin de créer de la valeur pour l'entreprise. Tant que les besoins identifiés par les services études sont satisfaits, tout va pour le mieux dans les tours d'ivoire (de la Défense) du marketeur. Sauf que l'entreprise n'est jamais seule sur son marché, que les frontières entre les différents marchés sont spongieuses et que dans nos sociétés occidentales les besoins des consommateurs sont plus difficiles à cerner. Sauf, enfin, que la consommation est devenue pour la majorité des Français l'enjeu d'un arbitrage permanent entre les besoins intangibles – se nourrir, se vêtir, se loger – et les désirs – partir en vacances, se libérer des tâches ménagères, bluffer le voisin avec sa nouvelle auto, flamber avec les dernières tendances de la mode…

La concurrence est désormais partout. Whirlpool ne doit pas seulement se battre contre Electrolux, il doit aussi défendre sa part de portefeuille contre Fram et sa semaine en République dominicaine, contre les travaux dans la résidence secondaire, ou encore le renouvellement de la machine à laver usagée. Les revenus du consommateur n'étant pas extensibles, tout le monde se dispute la part de marché du budget d'un ménage. Le compte bancaire de Madame ou Monsieur comme unique cœur de cible. Les marchés se sont régularisés, globalisés et le consommateur final joue les arbitres.

Certains ont manqué de clairvoyance

Pour avoir sous-estimé ces évolutions, des grandes marques qui ont contribué à écrire l'histoire du marketing connaissent de sérieux revers de fortune. Souvenons-nous, il y a un demi-siècle, « ce qui est bon pour General Motors est bon pour l'Amérique ». Aujourd'hui le groupe se cherche un nouveau souffle pour se relancer. L'ex-numéro un mondial du secteur avait pourtant compris, avant Ford, qu'il fallait segmenter le marché, cibler les automobilistes en fonction de leurs attentes, créer de la différence, pour imposer sa marque. Assis sur la certitude d'un modèle qui a fait ses preuves, sur sa capacité de production, l'Américain n'a pas vu venir la menace asiatique, et notamment celle de Toyota. Là où le Japonais concentre ses investissements sur deux marques, Toyota et Lexus, pour le haut de gamme, l'ex-roi du monde en gère pléthore (Chevrolet, Buick, Cadillac, Opel, Pontiac, Saab...). Plus de 70 modèles sont au catalogue. Résultat : les budgets de développement sont dispersés sur des gammes trop larges, le design n'est pas dans les attentes du public. Pire, alors que le prix du baril s'envole régulièrement et que les considérations écologiques dictent peu à peu le choix des consommateurs, le géant a continué à investir sur le segment des gros 4 × 4 en sous-estimant le potentiel des voitures propres. Pendant ce temps, Toyota gère 26 modèles, renouvelle sa gamme tous les trois ans, un laps de temps très rapide dans l'industrie automobile, et s'affirme comme le roi des énergies hybrides. Début 2007, Toyota détrônait General Motors (GM) au classement mondial des constructeurs automobiles.

Faut-il en déduire que le marketing de GM est moins performant que celui de Toyota ? Ce serait aller vite en besogne et faire injure à l'entreprise visionnaire qu'est GM. Mais le temps passe, l'acuité du regard se fait moins performante, la myopie succède parfois à la clairvoyance, et tandis que le premier s'accrochait encore à un modèle solidement ancré dans l'analyse classique du marketing, à la rentabilité à court terme, le second s'en extrayait pour apporter à l'automobiliste les voitures dans l'air du temps. Dans les collines d'Hollywood, les millionnaires du grand et du petit écran sacrifient leur monstre à essence et à effets de serre pour prendre le volant de l'écologiquement correct, la Prius (modèle hybride). En France, où le constructeur japonais doit encore lever quelques ambiguïtés sur sa capacité à ne pas détruire l'emploi, il met en scène en décembre 2005 les 1 000 salariés de son usine de Valenciennes. L'objectif de cette communication n'est pas de faire l'apologie de la Yaris mais de rappeler au citoyen-consommateur français que si la marque sur le capot est japonaise, la voiture produite en France est bien française. En ce temps de protectionnisme patriotique, il fallait bien un petit spot TV pour le rappeler…

Les dinosaures de l'industrie, qui ont écrit les premières pages du marketing, n'ont pas l'exclusivité de ce manque de clairvoyance. Sur le marché de la téléphonie mobile, un secteur encore jeune, où les évolutions suivent le rythme des éclairs, quelques entreprises, et non des moindres, paient cher leur incapacité à changer de regard. Alors qu'il y a trois ans encore, Sagem tenait la dragée haute au Nokia et autres Motorola, notre dernier fabricant de téléphone mobile peine aujourd'hui à exister hors du segment entrée de gamme. Entre-temps, en 2005, la technologie 3 G, qui transforme un portable en terminal multimédia, est passée par là. Mais Sagem n'est pas là, ou du moins il est victime d'un fâcheux contretemps. Le producteur japonais avec lequel il devait mettre au point sa production de téléphone 3 G lui a fait faux-bond[1]. Alors que tous ses concurrents profitent des fêtes de fin d'année pour lancer leurs petits bijoux technologiques, Sagem n'a rien d'autre à proposer que des mobiles anciennes générations. On peut objecter que la marque ne pouvait pas prévoir que son partenaire ne jouerait pas le jeu. C'est vrai. On peut également penser que faute d'avoir anticipé les évolutions d'un marché en perpétuel renouvellement, le Français s'est laissé surprendre, pour au final rater le coche. Manque de vision, de R & D, de moyens.

Emblématique des marchés de masse, le marketing de l'offre cherche à trouver des consommateurs pour ses produits. Dans cette optique, il va produire une offre singulière, originale, remarquable, identifiable et enfin « marketable ». Ce dernier néologisme barbare voulant dire que cette offre, dont les services marketing ont fixé le prix, choisi le circuit de distribution et mis en œuvre des moyens de promotion et communication, est mise sur un marché pour y rencontrer la demande potentielle de consommation finale. Le marketing de l'offre assume donc la tâche de « former » la demande, de chercher sa clientèle, de « trouver son marché » en même temps que d'ajuster son expression, *via* notamment la création publicitaire.

Qu'advient-il si cette offre ne trouve pas son public ? C'est l'échec commercial aux conséquences parfois désastreuses. Beaucoup d'entreprises en ont fait l'amère

1. Magazine *Capital*, 2006.

expérience. Des exemples : le Bibop de France Télécom, la Renault 14, la fameuse poire, le Performa d'Apple, le MiniDisc de Sony, le New-Coke de Coca-Cola ou encore le Virgin Cola… Pourtant *a priori*, le marketing avait tout prévu, le mix-marketing avait été prétesté, testé, post-testé. Dans les groupes de consommateurs, des individus avaient dit les préférer aux offres plus existantes. Malgré le plus produit, malgré les investissements publicitaires importants, ces innovations n'ont pas fait mouche. La fameuse alchimie du marketing, le bon produit au bon moment avec le bon prix, n'a pas fonctionné. Faire endosser au seul marketing la responsabilité de ces échecs serait cependant lui faire un trop grand honneur. Les marketeurs, dont la caisse à outils est dépourvue de boule de cristal, ne sont qu'un des bataillons dont dispose l'entreprise pour asseoir ses positions. Lorsque cette dernière s'engage sur un front étranger, elle surestime parfois ses forces de conviction et sous-estime le pouvoir de résistance des foules à convaincre. Reine de l'univers dans ses frontières, l'Amérique, première marque mondiale, peine à imposer sa vision de la démocratie aux citoyens du monde et à s'extraire des bourbiers où l'a conduit l'aveuglement de ses « leaders ». Il en va de la stratégie marketing comme de la stratégie guerrière. Chaque front est un nouveau front, gagner une bataille n'est pas gagner la guerre. Et si toutes les défaites commerciales ne sont pas des débâcles, certaines marquent les esprits.

Exemple de récupération avortée d'un phénomène de société

Au début des années 90, surfant sur le phénomène new-age et son barnum ésotérique, une nouvelle génération de boissons voit le jour aux États-Unis. Sous l'impulsion de la marque Snapple, les Américains découvrent des boissons rafraîchissantes non gazeuses. Qualifiées de nutritionnellement correctes, elles apparaissent comme des alternatives bienfaitrices aux colas. C'est l'engouement. Face à la menace, Pespi et Coca-Cola, frères ennemis du marché de la bulle sucrée, réagissent et se lancent à leur tour à l'attaque des marchés internationaux. À en croire les prévisions des économistes, ces boissons devraient représenter, d'ici à 2000, 2 à 3 % du marché mondial des soft drinks[1]. Sabre au clair, Pespi Co part conquérir l'Europe avec une marque au nom évocateur The Radical Fruit Company. Après avoir converti l'Espagne, le vice-roi du cola prend pied de ce côté-ci des Pyrénées. Fin 1995, The Radical Fruit Company et ses boissons source d'un nouveau bien-être, Lemon Obsession, Orange Attraction ou Peach Tea Persussion, prennent place dans les rayons. La machine marketing est en marche, et personne n'en doute, sa communication décalée va scotcher les 15-25 ans. Très vite, pourtant, c'est le désenchantement. Biberonnés à l'Oasis et au Banga, boissons aux fruits non gazeuses, les petits *Frenchies* boudent ses petites bouteilles en verre, vendues deux fois plus cher que le standard du marché. La marque sombre corps et bien. Aux États-Unis, le segment finit également par fatiguer les consommateurs qui retournent à leurs chères habitudes.

Pourtant à en croire le marketing de l'époque, tous les éléments étaient réunis pour créer un nouveau segment de marché. Moins chimiques que les colas, plus fun que l'eau, ces boissons devaient séduire la cible en quête de renouveau et d'idéaux. Des arguments auxquels les Français, et leur exception culturelle, n'ont pas adhéré. Probablement parce que le concept ne leur apportait rien. *Primo*, notre consommation de colas n'a rien de comparable à celle des Américains, *deuxio*, de ce côté-ci de l'Atlantique, la boisson nutritionnellement correcte s'appelle de l'eau. Quant au phénomène new-age, après

---

1. *Marketing Magazine*, n°8, décembre 1995/janvier 1996.

avoir excité les rédactions parisiennes, il a été balayé par un nouveau courant de société.

Fins stratèges du marketing de l'offre, les marketeurs, avant de revoir leur plan de bataille, se sont longtemps contentés d'une seule explication. Le consommateur n'avait pas compris. Une sentence qui ponctue, symptomatiquement, les échecs. Celui de Lionel Jospin aux présidentielles de 2002, celui du vote référendaire de mai 2005, celui du CPE au printemps 2006. Le marché, les électeurs, les jeunes n'ont pas compris. Soit, reste qu'il est aujourd'hui permis de penser que l'offre ne s'est pas fait comprendre... Sur des marchés matures où existent de fortes différenciations par le prix et/ou le service, le consommateur a le choix ; il est en mesure d'imposer sa vision, d'exiger cette fameuse relation gagnant-gagnant.

Le succès de la Logan

Aspiré dans un cercle vicieux, ou vertueux c'est selon, contraint en permanence à arbitrer entre désir, envie, attente et habitudes, le consommateur contemporain oblige le marketing à se remettre en question, à changer de lunettes et de point de vue.

Le succès de la Logan est exemplaire de ce renversement de situation. Les concessionnaires Renault s'en irritent tout en le reconnaissant aisément. Ils n'ont pas vendu de Logan, les automobilistes l'ont achetée. Dans un pays où la voiture demeure un objet statutaire, la première déclinaison de la marque représentait, en 2006, 1 % du marché hexagonal de l'automobile. En comparaison Seat – et sa dizaine de modèles – ne pèse que pour 1,5 % de ce même marché. La voiture « moins » a permis au groupe français de limiter la casse sur un marché en déclin.

On peut raisonnablement penser que son prix de vente, moins de 8 000 euros, a largement contribué à son succès. Pourquoi acheter une voiture d'occasion quand on peut en avoir une neuve pour le même prix ? On peut également penser que pour une partie de nos concitoyens, l'achat d'une voiture ne relève plus de l'ostentatoire. À la manière d'un Esay Jet qui, *via* les airs, transporte d'un endroit à un autre, la Logan permet à une famille de se déplacer, sans la montagne d'options qui gonflent les prix, mais en toute sécurité (une des attentes prioritaires sur ce marché). La marque Renault agissant comme une réassurance. Avant tout le monde, le constructeur aurait donc compris qu'une demande latente existait pour ce type de modèle. De fait, pas plus que les politologues n'ont vu venir le séisme d'avril 2002, le constructeur n'avait prévu un tel succès. Lancée officiellement sur les marchés occidentaux pour éviter les importations parallèles échappant au réseau de distribution de la marque au losange, la Logan est d'abord l'anti-Traban. Pur produit d'un marketing de l'offre, destinée initialement à répondre aux attentes statutaires des consommateurs des pays émergents, la Logan est devenue, en France, le symbole d'un marketing de la demande. Par une secrète alchimie, son concept au rabais, du moins selon les critères majoritairement défendus par l'industrie de l'automobile, a parfaitement été compris par des consommateurs, qui à en croire les pythies, sont pourtant en attente de plus de technologie. CQFD !

Le leitmotiv du marketing moderne : être dans la tête du consommateur

Qu'est-ce que le marketing de la demande ? Jean-Marc Lehu le définit ainsi : « *Démarche marketing qui consiste à utiliser les techniques et les outils du marketing pour identifier les attentes et/ou les besoins de consommateurs potentiels, comprendre l'environnement dans lequel se situe l'entreprise et concevoir une offre en conséquence. Il s'agira ensuite de commercialiser cette offre* via *les canaux de distribution* ad hoc *et en communiquant sur tout ou partie de ses caractéristiques au regard des motivations identifiées de la cible.* »[1]

Le consommateur serait doté d'une certaine forme d'intelligence. Voilà donc l'importante découverte de ces dix dernières années. Lorsqu'une grande marque, une référence, vient lui proposer de la valeur ajoutée pour lui, seule réelle innovation à ses yeux, son cerveau serait encore capable de comprendre. Il n'en fallait pas plus pour que le marketing s'essaie au marketing de la demande. Sur des marchés saturés, où le consommateur ne répond plus aux stimuli de l'offre, comme sur les nouveaux marchés – téléphonie, informatique, loisirs –, le marketing doit désormais se mettre à la place du consommateur, envisager les marchés de son point de vue. Et comprendre que la pensée unique ne fait plus loi. « Être votre banque, c'est comprendre votre point de vue », le message véhiculé par la profession de foi de la banque HSBC ne peut être plus clair. Surinformé, sursollicité, surprotégé, le consommateur est habité en permanence par des objectifs fondamentaux et souvent opposés. Cette fameuse ambivalence, dualité, qui lui fait réclamer des 4 × 4 toujours plus puissants mais une meilleure qualité de l'air, des aliments moins sucrés et moins gras mais plus goûteux, de l'éthique mais des vêtements, de l'équipement à prix discount, des services publics de qualité mais moins d'impôts. Des contradictions légitimes mais parfois antinomiques qui poussent les observateurs de la société civile à déclarer ouverte l'ère du citoyen-consommateur schizophrène ou plus simplement partagé entre l'envie et la raison, le lot de

1. Jean-Marc Lehu, *L'Encyclopédie du marketing*, *op. cit.*

tout être humain normalement constitué… Le consommateur réagit de fait à trois pulsions basiques :

- L'habitude : j'ai toujours pris cette marque, pourquoi en changer ?
- La lassitude : la télé, c'est toujours la même chose, je mets un DVD ; droite ou gauche, blanc bonnet, bonnet blanc, je m'abstiens.
- La curiosité : une femme à l'Élysée ou un centriste, pourquoi pas ?

À la différence de la lassitude, la curiosité répond au besoin de s'ouvrir à d'autres possibles, de se laisser surprendre par d'autres discours.

Pour faire renaître l'intérêt des consommateurs, redonner de la valeur au produit et à la marque, le marketing se doit d'arbitrer judicieusement entre ces trois pulsions et pour ce faire de réinventer les mécanismes qui ont fait son succès. La fortune d'un bon positionnement tenant de plus en plus à des comportements sociaux, le réflexe primaire du marketeur est de multiplier les offres. Entre un yaourt à 0 %, un yaourt nature pot de terre, un yaourt estampillé bio, chaque consommateur devrait y retrouver ses petits. Les difficultés auxquelles sont confrontées bon nombre de marques illustrent les limites du raisonnement. Le consommateur n'attend plus que la marque lui propose de choisir son style de vie ; il veut, à travers le dialogue, qu'elle l'accompagne sur le chemin qu'il aura choisi. Exploration du vivant, le marketing doit comprendre et composer avec ces trois pulsions. Il le doit d'autant plus que les besoins primaires du consommateur occidental sont globalement satisfaits tandis que ses attentes sont floues. En revanche, ce même consommateur a des problèmes. Malgré, ou en raison, des 35 heures, il n'a plus de temps, sa structure familiale s'est modifiée, son environnement professionnel est facteur de stress, son pouvoir d'achat s'est effrité, tout du moins le pense-t-il, et cerise sur le gâteau : il vieillit.

À la différence du marketing historique, qui capitalise sur le simple équilibre de l'offre et de la demande, le marketing en refondation va donc tenter d'embrasser ces différents phénomènes pour apporter des solutions pertinentes à la vie de tout un chacun. Il ne s'agit donc plus de *« se laisser guider par le marché »*, mais *« de guider le marché »* note Gregory S. Carpenter[1]. Ce raisonnement fonde les prémisses d'un marketing de la demande. Un marketing qui envisage le consommateur d'une façon globale et transversale. Avec son histoire, son présent, ses projections futures. Un marketing qui remet l'individu au cœur de son processus de décision et de réflexion.

En prenant la mesure des désirs contradictoires des automobilistes, la Citroën C8 est ainsi parvenue à réconcilier le plaisir de conduire, qui sommeille en chacun d'eux, et la responsabilité du *pater familias*. En plaçant un moteur haute performance sous le capot d'un monospace, le constructeur abolit les frontières traditionnelles entre la voiture passion et le véhicule familial. Quant au fondateur de chaussures Mephisto, ce ne sont pas uniquement les cahiers de style qui ont inspiré ses créations, mais les petites misères quotidiennes du marcheur, et notamment le mal de dos inhérent au déséquilibre produit par la marche. Pour assurer le confort des pieds tout en évitant le choc des articulations, Mephisto a introduit dans la fabrication de ses chaussures différentes technologies, dont celle du *soft-air* qui joue le rôle d'un coussin amortisseur. Un bénéfice client qu'elle traduit à travers le claim « le confort optimal de votre pied ».

C'est en écoutant les mères pressées par l'opinion d'éduquer le goût de leurs enfants que Nestlé a totalement revu sa gamme de produits laitiers Yoco. Bien sûr,

1. Source : Cahier des *Echos*.

il aura fallu que l'obésité des enfants devienne un enjeu national de santé publique avant que le géant ne prenne le temps d'entendre les désirs de mères de famille. Des femmes tiraillées entre le plaisir du sucré auquel les papilles de tout-petits ont été formées par des générations de marketeurs, et les injonctions des nutritionnistes pour promouvoir une alimentation saine et équilibrée. En lançant en 2005 « Contrat Enfance Nutrition », Nestlé leur apporte une solution. À travers ce programme, la marque s'engage sur la composition nutritionnelle : du sucre juste bien comme il faut, du lait sélectionné, du calcium et de la vitamine D. Elle s'engage également à faciliter le choix à travers des portions adaptées à chaque âge de l'enfant. Bien évidemment le packaging se charge de communiquer ces informations, sans oublier de mentionner, pour les P'tit Yoco destinés aux plus jeunes, l'introduction des Omega 3, ces fameux acides gras qui contribuent au bon développement de l'enfant. Un ingrédient dont tous les nutritionnistes ont fait la promotion et qui justifie le petit coup de pouce donné au prix. Le marketing de l'écoute reste du marketing.

« Vivre la vie du consommateur. » En marketing courant, cette intention prend le nom d'*« insight consumer »*, le vécu des consommateurs en français dans le texte. Toute entreprise se donnant pour mission d'explorer la réalité de son marché doit désormais convertir ses équipes à l'esprit de l'*insight*. Procter & Gamble a ainsi mis sur pied le programme *« Meet the consumer »* qui oblige ses équipes à entrer en contact avec les gens de la vraie vie. Unilever, toujours dans le domaine de la grande consommation, ou 3Com, dans celui des nouvelles technologies, ont également prié leurs marketeurs de nouer le dialogue avec les consommateurs finaux. Quant à la marque Findus, poussant la logique de l'observation à son paroxysme, elle s'est lancée dans la conso-réalité. Pendant une semaine, une dizaine de familles a vécu sous les yeux de caméras qui épiaient scrupuleusement leurs faits et gestes au moment des repas. But de l'opération : mesurer précisément la différence entre ce que le consommateur déclare, et oui le consommateur est ainsi un menteur, et ce qu'il fait vraiment, pour au final trouver les idées qui font les succès durables. Après analyses des informations recueillies, Findus décidait, début 2006, de revenir sur le marché des pizzas, pourtant jugé quelques années auparavant peu porteur de valeurs. La pizza étant « est le plat familial du week-end »[1], dixit son responsable marketing, Findus ne pouvait en être absent.

Si la volatilité des consommateurs conduit les entreprises à les placer sous surveillance, la globalisation des marchés n'aide pas les équipes marketing à se rapprocher de leur réalité culturelle. Jusqu'à un passé récent, ce qui était bon pour la New-Yorkaise active devait l'être également pour la Marseillaise débordée. En partant de ce principe, Pizza Hut a tenté de convaincre cette dernière d'adopter sa 3 Pan, pizza à la pâte épaisse, spécialité de l'entreprise américaine. Raté, son palais préfère la pâte fine à l'italienne, jugée plus croustillante. À l'inverse, la Boîte à Pizza et Speed Rabbit ont adapté leur recette de produits aux goûts locaux en lançant des pizzas au magret de canard ou au reblochon. Le monde est peut-être un village, mais chacun chez soi fait ce qui lui plaît !

Big Brother décomplexé, les services marketing disposent aujourd'hui d'outils suffisamment puissants pour crédibiliser les offres existantes, mais quid de l'innovation ? Cette fameuse innovation qui crée les ruptures et impose de nouveaux comportements. Lequel d'entre nous a rêvé d'un ordinateur, d'un micro-ondes, d'une table à induction, d'un téléphone portable, de la

1. *Stratégies*, n°1394, 15 décembre 2005.

vidéo à la demande, de rencontres sur Internet ou du rasoir à cinq lames, du stabilo, de l'imprimante couleur ? Pas plus que les pionniers du Far West n'avaient imaginé le train, aucun consommateur contemporain, à l'exception des forcenés du concours Lépine, n'est capable d'imaginer le produit qui demain, tel un bon génie, viendra faciliter le quotidien. La puissance du marketing réside dans cette capacité à saisir ces aspirations pour les transformer en produits ou services. « J'en ai rêvé, Sony l'a fait. » À l'époque de sa grandeur, Sony, alors qualifiée d'entreprise visionnaire, résumait mieux que quiconque la finalité d'un marketing à l'écoute.

Un marketing qui dispose aujourd'hui d'un outil redoutable : la base de données, la brique essentielle du système d'informations. Grâce à cette dernière, l'entreprise et plus globalement toutes les organisations savent tout ou presque de nous. Aux États-Unis, l'analyse des bases de données est ainsi devenue l'élément essentiel des campagnes électorales, comme celle menée dans le Michigan par le républicain DeVos[1]. Les sondages et les données clients ouvrent une nouvelle voie dans l'analyse de la psyché des consommateurs-électeurs. Mais le marketing ne se limite pas aux analyses rationnelles, aussi poussées soient-elles. Malgré la normalisation ambiante, des marques ou des produits sortis de nulle part deviennent de véritables phénomènes de société. Qui aurait pu prévoir que Diddl, la fameuse souris née en Allemagne, allait obliger les mères à parcourir des kilomètres pour éviter la crise de nerf de la petite dernière ou que les sacs à dos Eastpak allaient devenir l'accessoire préféré des adolescents ? Personne. Sans pub, sans études, ces marques, objets de partage, de conversation, d'échange, se sont rendues incontournables dans leur communauté réciproque. Pour de secrètes raisons, elles

1. *Business Week* (*Le Point*), 21 septembre 2006.

ont créé de la valeur pour les membres de ces communautés. Et sont devenues de formidables machines à cash pour leur géniteur. Car ne nous y trompons pas. Plus soucieux des consommateurs, de la société, le marketing de la demande n'a pas pour vocation première de résoudre les problèmes de la planète et des hommes, sa finalité est d'abord et avant tout d'assurer la survie des marchés et du capital.

Vers un marketing « client-centrique » ou le retour aux sources

Or chaque jour, et les experts en économie ne manquent pas de le rappeler, les marchés se sont globalisés. Pour maintenir leur marge, les entreprises occidentales doivent opérer des choix drastiques, délocaliser leur production, supprimer des emplois… À sa mesure, le consommateur suit le même modèle. Lui aussi gère son marché. En cinq ans, son budget téléphone est passé de 30 à 130 euros. Parallèlement, ses dépenses consacrées à l'habillement reculent. En 2000, il ne lui consacre plus que 4 % de son budget, contre 6 % en 1980. Le consommateur impose ses choix et fixe ses règles dans un univers fortement concurrentiel où les marques perdent leur autorité. Pour reprendre la main, ou plutôt pour partager le pouvoir, les services marketing n'ont d'autres choix que d'adapter la *« consumer attitude »*, devenir, dans le jargon marketing, « client-centrique ». Une révolution copernicienne ! ? Une révolution qui suppose de nouveaux modes d'investigation. Pour découvrir les « pépites de demain », faire surgir l'innovation, il ne suffit pas d'observer les faits et gestes du consommateur, il faut l'interroger sur ses frustrations, ses difficultés au quotidien. En bon praticien, le marketeur ne peut se satisfaire des symptômes apparents. Il doit comprendre la source de la difficulté, du mal-être, du manque, analyser les raisons de la souffrance, établir un diagnostic et prescrire l'antidote.

James Dyson, génial inventeur de l'aspirateur sans sac, est l'exemple vivant de cette attitude. Lorsqu'il se met en scène pour promouvoir son produit, il ne parle ni de brevets, ni de technologie. Que dit-il à la consommatrice ? Le Dyson est né de sa frustration. C'est parce qu'il jugeait les résultats des autres aspirateurs insuffisants qu'il a créé le sien, « Conçu pour ne pas perdre l'aspiration ». James Dyson ne se contente pas d'être un ingénieur surdoué, il se met à la place de la ménagère. Il vit sa vie. Ce n'est plus de l'empathie, c'est la contagion émotionnelle diablement bien marketée. Et cela fonctionne. Malgré son prix, le Dyson se vend comme des petits pains. Ne plus se battre avec un aspirateur qui n'aspire rien, voilà un bénéfice comme voudrait en voir plus souvent la ménagère du Yorkshire comme celle d'Île-de-France et pour lequel elles sont prêtes à mettre la main au portefeuille.

Adopter la cause du consommateur, se glisser dans sa peau, c'est bien mais selon certains praticiens du marketing, il faut aller plus loin et s'interroger sur la raison fondamentale de la consommation, notamment lorsqu'il s'agit d'ouvrir de nouveaux marchés. *« Le marketing de la demande repose sur la volonté de rejeter les analyses différentielles et descriptives des offres pour revenir à la cause fondamentale de la consommation du point de vue de la demande »*[1], avancent Charles Mircher et Sophie Bertin, consultants en marketing. Pourquoi cette marque et pas une autre, pourquoi cette catégorie de produits plutôt qu'une autre ? En s'intéressant à la cause, plutôt qu'aux seuls faits, les femmes achètent des crèmes antirides pour avoir la peau saine et lisse par exemple, le marketeur lève

1. Charles Mircher, Sophie Bertin, *Réinventer le marketing*, Maxima, 2000.

le voile sur la raison primaire et essentielle de l'achat. Si les femmes achètent des crèmes pour hydrater leur peau, c'est plus parce qu'aujourd'hui le moindre signe de vieillissement – rides, cheveux blancs, peau flasque – les exclut d'une société qui voue un culte éternel à la jeunesse. Parce qu'elle le vaut bien.

Quant à l'essor des 4 × 4 dans les rues goudronnées des grandes capitales, à quoi correspond-il ? Au besoin de fiabilité et de sécurité, première réponse des heureux possesseurs, à la valorisation de l'ego, explication de leurs détracteurs, ou à une cause moins avouable mais pourtant évidente ? Au volant de sa grosse auto, le cadre à bout de nerfs ne serait-il pas en train de se protéger contre ses angoisses ? Dans son 4 × 4, il est intouchable, il redevient le petit enfant dans les bras de sa mère. Il maîtrise la situation, se rejoue la conquête du Far West à l'abri des flèches de la concurrence et de l'instabilité de la conjoncture. Il faudra plus que des arguments rationnels et écologiques pour l'amener à renoncer à son char d'assaut.

Et la liste des exemples qui militent pour ce questionnement sur les pourquoi de la consommation est loin d'être close. Dans le domaine de la presse, le succès d'un *Voici*, d'un *Closer*, d'un *Public* et plus globalement de la presse people, marque d'une part la prise de distance des lecteurs vis-à-vis de l'actualité sérieuse et anxiogène ; mais, reflète d'autre part les attentes d'un lectorat qui assume son voyeurisme, en atteste le succès chiffré de ces magazines, et plus encore des émissions de téléréalité.

3

Un nouveau contrat relationnel

Penser que ce travail de compréhension va simplifier le travail du marketing serait une erreur. En prenant en compte les besoins réels du consommateur, et non plus les fantasmes de l'entreprise, le marketing n'est pas sorti d'affaire. *Primo*, le consommateur attend des preuves de ce changement de paradigmes. *Deuxio*, le développement du Net dans toutes les couches de la population traduit qu'au-delà de la révolution technologique, c'est bien une nouvelle société qui est en train de naître. Sur les bases d'un partage d'intelligence et aidé par les outils de la société de l'information, le consommateur s'autoproclame coproducteur d'une économie dont il se sait le maillon central. Unis sur le Web, les citoyens du village mondial[1] dénoncent les dérives de telles ou telles sociétés, manifestent leur insatisfaction, émettent des idées dans ces agoras modernes que sont les blogs et les forums. Longtemps inaudible, la parole du citoyen-consommateur s'y déverse comme un torrent. Non contents de se faire entendre, ils vont même jusqu'à donner naissance à un nouveau modèle économique, le

1. Sous la direction de Monique Wanien et Benoît Hery, *Les Métropolitains*, L'œil du mouton Édition, 2006.

C to C, de consommateur à consommateur. eBay les transforme en commerçants et Wikipedia en encyclopédistes du monde virtuel. Jacques Chirac ne s'y est pas trompé. En faisant, lors de son allocution des vœux de décembre 2006, du défi Internet le défi des prochaines années, le président de la République a illustré son importance dans la société moderne, et son caractère quasi incontournable.

Après avoir observé avec circonspection le développement de cet ersatz de démocratie directe, le marketing s'y est aventuré. Il suffit de se pencher sur la stratégie Internet des candidats à l'élection présidentielle de 2007 ; site Internet, blog, chat, toutes et tous y accordent une place de choix, accompagnés d'une armada de jeunes spécialistes au langage Web 2.0. Dans un premier temps à visage masqué, il y joue aujourd'hui à découvert en tissant de nouveaux liens. Pris d'une soudaine humilité, le marketing y propose un nouveau jeu de rôle à son nouvel ami, le consommateur. « Puisque je m'invite dans ta vie, dis-moi, gentil consommateur, que veux-tu ? » Et l'autre, trop heureux, ne se fait pas prier. 400 000 internautes n'ont pas hésité une seconde à se connecter sur le site « onvotetouspourdanette » pour choisir, parmi trois propositions, la nouvelle saveur de la crème dessert de Danone. Aux États-Unis, tout consommateur a désormais droit à son quart de gloire. Mieux que la Star Ac, Levi's, le roi du jeans, a offert à des milliers de jolies frimousses des spots de pubs personnalisées à leur image. Tu m'envoies ta photo, je l'intègre dans ma pub et hop tu la fais circuler sur le Net. Le bonheur en deux coups de clic. On ne révolutionne en rien la société de consommation mais on y met un plus de sens, d'empathie.

Pour recréer du lien, pour refonder de nouvelles fidélités, le marketing joue la carte de la proximité et de la participation. Demain, à l'évidence, prédisent les experts, le marketing sera participatif ou ne sera plus. Et d'imaginer un monde où tout bien produit sera le résultat d'une cocréation consommateur-marketeur, la cocréation étant la condition *sine qua non* pour requalifier les marques comme figures d'autorité. À l'image du produit, du politique, la marque repère sur un marché[1] a construit sa force et sa fortune sur sa capacité à faire autorité. Pendant près d'un demi-siècle, pour parvenir à cet objectif, le marketing a usé, abusé (?) des promesses « plus » : « lave plus blanc », « plus de goût », « plus de sécurité ». Pendant plus d'un demi-siècle, le consommateur a adhéré à ce modèle et a confié à ces différentes figures d'autorité les clés de la maison. Puis sont arrivées les crises à répétition : le sang contaminé, la vache folle, les OGM, les scandales politico-financiers, la grippe aviaire. Méfiant, assailli par le doute, voire paranoïaque – la théorie du complot touche aussi les marques –, le consommateur a pointé du doigt l'absence de résultat des promesses faites par les marques, les politiques. *« Le consommateur attend désormais des résultats opérationnels, en mesure de justifier son vote, son achat, le prix de telle marque ou service. »*[2]

D'une stratégie de moyens à une obligation de résultat

Pragmatique, il juge en fonction, non plus des promesses, mais de preuves concrètes. Dans le secret des tours de la Défense, cette attitude questionne les stratèges du marketing élevés aux mamelles de la valeur ajoutée et du plus produit. Qu'adviendra-t-il de leur stratégie basée sur le pouvoir de séduction si les consommateurs se mettent à privilégier la valeur d'usage aux promesses hypothétiques d'un message de marque ?

1. Jean-Noël Kapferer, *Les Marques, capitale de l'entreprise*, Éditions d'Organisation, 2005.
2. France 2006, société sans mercis, Ipsos.

En apportant ses suffrages à la Logan plutôt qu'à une Mégane d'occasion, en volant sur les lignes d'Easy Jet plutôt que sur celles de British Airways, en découvrant l'information dans les pages de *20 Minutes* ou *Métro* plutôt que dans *Libération*, *Le Monde* ou le *Figaro*, en plébiscitant Ségolène Royal plutôt que le premier secrétaire du PS, l'ancien Premier ministre Laurent Fabius ou Dominique Strauss-Kahn, en choisissant la valeur d'usage plutôt que les valeurs immatérielles portées par la marque, le consommateur du XXIe siècle donne le vertige à des générations de marketeurs et de communicants.

Aguerri par cinquante ans de culture marketing, le consommateur se laisse convaincre par un discours simple, parfois même simpliste, qui veut qu'une eau désaltère, qu'un café réveille, qu'une crème adoucisse la peau et qu'à juste titre un ministre de l'Intérieur fasse régner l'ordre républicain et s'assure de la sécurité des citoyens. Pour autant, il ne fusille pas toutes les offres nouvelles. Dès qu'elles lui apportent du changement, il est prêt à payer pour voir. Sinon, comment expliquer le succès du café en dosettes, des lecteurs MP3 ou de Ségolène Royal aux primaires socialistes, celle que personne n'attendait, une innovation en quelque sorte. Une innovation qui fait le bonheur des médias tant la marque Ségolène a tout pour plaire…

Décryptage de la marque Ségolène Royal

Vue du consommateur-électeur, Ségolène est porteuse de changement : Ségolène est une femme, Ségolène est libre, Ségolène est une mère. La candidate Royal symbolise, *a priori*, la rupture avec le passé. Là où tout est gris, uniforme, masculin, elle apporte de la couleur, de la vitalité et du changement. À la manière de Fructis et de son packaging vert, inédit en 1996 lorsque la marque faisait son entrée sur le marché des shampooings, ou plus près de nous de la Badoit Rouge, Ségolène est une vraie rupture packaging. Différente, elle est remarquée. Une différence qu'elle exprime également dans ses prises de position. Quitte à fâcher son cœur de cible (la gauche) avec ses déclarations, Ségolène parle vrai. Comme la marque Nana qui, pour inciter les femmes à l'acheter, n'hésite pas à rappeler que chaque mois, une femme sur cinq est trahie par sa serviette. La présidente de la région Poitou-Charentes joue la carte du vécu des gens de la vraie vie. Les mêmes qu'elle invite à la démocratie participative à travers ses débats participatifs, et à travers son blog Désirs d'Avenir : « *Ce site est un forum participatif. Il est à vous si vous avez envie de participer aux décisions qui nous concernent (...). J'ai acquis la conviction que les citoyens, lorsqu'un problème est vécu ou lorsqu'un progrès est espéré, sont des "experts" légitimes de la question posée.* » Le citoyen expert, à l'image du consommateur expert qui enrichit chaque jour de ses avis les sites comparatifs, s'y exprime comme dans un salon. Vous, moi, le voisin de palier y devenons des hommes et des femmes d'influence. Imprégnés du bon sens populaire, nous voilà tous experts de la chose publique, de la vie de la cité.

Avec une agilité déconcertante, Ségolène Royal pratique le grand écart entre la douce compassion de la mère et les réprimandes de l'institutrice au risque de brouiller son image, sa stratégie et au final son positionnement. Qu'importe ! Ségolène n'a pas de positionnement, ou plutôt si, elle en a un : elle est femme et une femme libre. Dans un pays de machos, le modèle séduit d'autant qu'il est porteur dans le paysage politique international. En Finlande, en Allemagne, au Chili, au Liberia, les femmes occupent les plus hautes fonctions de l'État. La « Zappatera » du Poitou-Charentes (comme la surnomment les médias) y voit un signe, la parité avance à petits pas, les sondages de début de campagne présidentielle en font la favorite des Français et les sondages ne peuvent pas toujours se tromper.

Marchés de la grande consommation, business to business ou politique, la clé du succès dépend d'un élément : la rencontre d'une offre et d'une demande solvable. Le bon produit, au bon moment, au bon prix. En partant d'un examen quasi clinique de la société française, la candidate socialiste a appliqué avec brio la recette. Son offre repose sur des points fondamentaux :

- Une écoute et une analyse des attentes de la société. *Via* une analyse systématique et continue des sondages et autres enquêtes d'opinion, mais surtout de ces forums participatifs, Ségolène Royal colle au plus près aux besoins et problèmes rencontrés par le citoyen. Ses choix sémantiques traduisent sa compréhension des difficultés quotidiennes. Au terme purement économique de pouvoir d'achat, elle préfère la vie chère. Normal, au détour d'une conversation, votre voisine ne se plaint pas de la baisse de son pouvoir d'achat mais des loyers trop chers, des légumes hors de prix et de son salaire trop bas. L'opinion veut être entendue, la candidate Royal le comprend, elle reconnaît les compétences naturelles des Français dans la résolution des problèmes. La marque Ségolène Royal ne donne pas dans l'impérialisme mais dans l'humilité, dans la co-création, dans le désir d'avenir.
- Le renouveau. Ses idées sont nouvelles et différentes, « J'incarne le renouvellement » dit-elle. Le concept de la démocratie participative (agissant comme une gigantesque étude de marché) porté par le site Désirs d'Avenir, pur produit du Web 2, est sans conteste le produit d'appel de la marque Ségolène Royal. Nouveau, interactif, furieusement tendance, il reste associé à la candidate, première du marché politique

à en avoir fait la promotion en France. Largement relayé par les médias, toujours à l'affût de nouveautés à opposer à celles qui sont proposées par la marque Sarkożу, le concept de démocratie participative est la grande innovation de la campagne.

- Comme une marque qui cherche à s'imposer, elle va travailler sa notoriété. Pour être achetée, une nouvelle offre doit encore se faire connaître, acquérir une certaine notoriété. Depuis le Poitou-Charentes, dont elle préside le conseil régional, Ségolène Royal affine son image, elle incarne à elle seule toutes les images de la femme moderne : battante, mère, amie, confidente. Alors que chapeau à l'appui, les prétendants à l'investiture de son parti cultivent encore la mitterandomania en se rendant à Jarnac sur la tombe du défunt président, elle est au Chili pour soutenir la candidature de la socialiste Michelle Bachelet. Femme du présent et du futur, elle ringardise ses concurrents socialistes.
- Devenir une marque référence. Sans être experte en marketing, ses conseillers le sont pour elle, Ségolène Royal sait qu'une marque gagne en puissance dès lors que le public s'y identifie et partage ses valeurs. Il faut donc nourrir son positionnement primaire « Je suis une femme, et une femme libre ». Peu à peu, la presse lève le voile sur son histoire, sa famille militaire, son intimité. La marque s'incarne, elle prend du volume, du relief. Non, Ségolène Royal n'est pas un pur produit de la toute-puissance énarchique. Elle s'est battue, en a bavé, elle a essuyé des échecs, elle a douté, mais sa volonté, forgée par une enfance spartiate, la propulse aujourd'hui au plus haut. Madame Royal n'est pas la petite sœur des pauvres, mais la voilà perçue comme une marque amie.

- Soigner sa représentation extérieure (packaging) : des tenues vestimentaires où prime le blanc, des mots choisis, un regard charmeur comme son sourire, une marque icône est en train de naître. La veste rose rouge qu'elle portait le 11 février 2007 lors de son discours programme à Villepinte, pour conforter les militants et le parti, a visiblement fait mouche auprès de son cœur de cible.

Exhalant les pratiques marketing, la dernière campagne pour les présidentielles de 2007 n'est pourtant pas la première à être marquée de son sceau ; *« La force tranquille de François Mitterrand a marqué les esprits »*[1]. En revanche, et c'est une nouveauté dans l'histoire de la Ve République, la course au titre 2007 se joue entre des concurrents qui ont tout à prouver. Aucun d'entre eux n'a exercé de mandat présidentiel, aucun d'entre eux ne fait repère dans la fonction. Pour gagner les esprits, le produit doit acquérir la force de la marque.

Focus sur la marque Nicolas Sarkozy

En l'occurrence, le candidat Nicolas Sarkozy possède une longueur d'avance sur ses concurrents. Pure incarnation de la société politico-consumériste, l'ex-ministre de l'Intérieur et patron de l'UMP, comme sa challengeuse Ségolène Royal, est une bête des médias ; il fait vendre du papier, de l'audience. Mais, à la différence de la présidente de la région Poitou-Charentes, dont la campagne se doit d'asseoir son positionnement et de traduire le bénéfice client, le candidat Sarkozy s'est lancé dans la bataille avec une certaine légitimité. Présente sur tous les items de la France qui a peur, segment de marché réputé difficile où ses résultats lui confèrent le statut de référent de l'ordre et de la sécurité, la marque Sarkozy s'est atta-

1. Jacques Séguéla, Thierry Saussez, *La Prise de l'Élysée*, Plon, 2006.

chée, durant les deux années qui ont précédé son sacre, à prouver qu'elle pouvait passer du stade de marque locale à celui de marque globale. À la manière d'un Carrefour parti de Sainte-Geneviève-des-Bois pour briller sur l'ensemble du territoire avant de s'attaquer à l'Europe puis au reste du monde, la marque Sarkozy fait le pari que quel que soit le marché, le goût, le comportement des électeurs se ressemblent de plus en plus et qu'il faut donner à lire une promesse client. Pour monter en puissance, la marque Sarkozy fait l'objet d'un plan marketing mûrement réfléchi par l'entreprise UMP. Jusqu'au 14 janvier, date du triomphe de son héraut lors d'un congrès digne des shows commerciaux d'un Apple ou d'un Microsoft, la machine de guerre se mobilise pour imposer l'évidence de ce déploiement. Succédant au RPR, tout comme le Crédit Lyonnais s'est effacé devant LCL, le parti de la majorité, présidé depuis novembre 2004 par le maire de Neuilly, s'est lancé dans un véritable lifting de marque. Son grand projet, « La France d'après », porte une vision universelle du destin de la nation et marque une rupture avec le passé, et donc le président Jacques Chirac. Sur le modèle de l'entreprise planétaire, il prépare le terrain de la victoire en concentrant ses efforts sur sa marque première Nicolas Sarkozy et en ralliant ses marques trop segmentantes ou rassembleuses, Michelle Alliot-Marie, Alain Juppé ou Jean-Louis Borloo.

Mais pour que l'opération réussisse, il faut encore que l'entreprise se donne les moyens de ses ambitions. On ne lance pas une méga-marque avec le budget d'une marque locale. S'inspirant du modèle des partis politiques américains, l'UMP n'hésite pas à recourir aux pratiques d'un marketing produit offensif. E-mailing, SMS, *goodies* à gogo, tongs, souris d'ordinateur, ballons..., liens promotionnels sur Internet, podcast, viennent compléter le classique dispositif de recrutement dont la pièce maîtresse demeure la diffusion de tracts sur les marchés dominicaux. Et ça marche. Le rouleau compresseur du marketing de masse fait merveille, le retour sur investissement est bien au rendez-vous. 110 000 adhérents en 2005, plus de 300 000 fin 2006, selon ses services de communication. Le parti est non seulement riche de ses nouveaux adhérents, mais il s'est constitué une gigantesque base de données, une formidable source d'informations dont l'analyse lui permet d'orienter son plan marketing. « Qui détient l'information, détient le pouvoir » dit l'adage. Qui sait la traiter et l'analyser, le conserve devrait-on ajouter. Cette intelligence économique, à l'évidence, l'UMP la maîtrise tant la marque Sarkozy sait faire corps avec l'opinion. Une opinion marquée par un réel sentiment de peur ou du moins d'anxiété. Peur du chômage, de l'exclusion, peur face au terrorisme, aux crises alimentaires, aux grands bouleversements climatiques. Un sentiment sur lequel surfent les « déclinologues » de tous horizons et qui permet au président de l'UMP d'apparaître comme l'homme providentiel. N'a-t-il pas prouvé qu'il pouvait apporter une solution au sentiment d'insécurité, la première des peurs. Décomplexée, populaire, directe, la marque Sarkozy réussit sa campagne de séduction, elle plaît à un très large échantillon. Ses promesses font sens aux yeux des électeurs et maintiennent à distance la concurrence directe tandis que la maison UMP s'applique à mettre en musique la stratégie marketing définie par son leader et ses conseillers.

Mais pour imposer une légitimité absolue, ne pas être l'élu par défaut, la marque Sarkozy doit encore transmettre ses valeurs fondamentales à l'ensemble du marché. Fort du triomphe du 14 janvier 2007, qui confirme la justesse des choix stratégiques de l'appareil UMP auprès de son marché historique, il part à la conquête du ventre mou du marché électoral : à commencer par les abstentionnistes, ces frustrés de la politique, ou de l'offre électorale. Ils étaient un peu plus de 15 % en 1965 à privilégier la pêche à la ligne à leur devoir civique. Ils seront, trente ans plus tard, plus de 20 %. Et le plus haut du marché sera atteint lors du premier tour des présidentielles de 2002 : 28,4 %[1], du jamais vu dans l'histoire de la Ve République. Pour les convaincre, la marque Sarkozy se focalise, non pas sur leurs besoins, ils n'en expriment plus, mais sur leurs frustrations, sur leurs manques (et donc leurs problèmes) ; c'est l'incarnation pure et dure d'un marketing axé sur la demande. Elle devient, selon l'expression du consultant Georges Chetochine, une marque claim. *« Dans le cas de marques claim, le marché doit être considéré comme des communautés d'individus caractérisés par leur degré de victimisation et leurs frustrations partagées alliées à leur volonté de résister ou de combattre un ennemi, un opposant. »*[2] À ces victimes du système, qui ont préféré la fuite à une nouvelle déception, le candidat, après s'être laissé tenter par la rupture tranquille, offre une oreille attentive et promet qu'« Ensemble, tout devient possible ». On assiste donc à une fabuleuse évolution du positionnement, que les études avaient détectée pendant la précampagne.

Comme Dove dénonce les diktats de la beauté et convie les femmes au combat pour l'estime de soi, la marque Sarkozy révèle les dérives de cinquante ans de politique partisane et en dénonce l'héritage, le système de l'assistance, les entraves à la liberté d'entreprendre. Pour s'imposer comme le choix indiscutable, la marque Sarkozy invite l'individu à une prise de conscience, condition *sine qua non* à l'engagement dans la lutte pour le renouveau de la France. À l'image – toute proportion

---

1. Pierre Bréchon, *La France aux urnes, 60 ans d'histoire électorale*, La Documentation Française, 2004.
2. Georges Chetochine, *Le Blues du consommateur*, Éditions d'Organisation, 2006.

gardée –, de la chaîne Al Jazira, qui, avant de s'attaquer à la forteresse CNN, a converti des millions de téléspectateurs arabophones à sa cause en leur livrant une information de qualité avec une liberté de ton et une indépendance réelle jusqu'alors inconnues dans le monde audiovisuel arabe.

La marque Sarkozy cherche à faire de chaque Français un militant prêt à le rejoindre pour désigner, et combattre, l'ennemi commun : le système et sa pensée unique. La manœuvre est habile, ce n'est pas la marque Sarkozy et ses promesses qui libèrent le citoyen-consommateur de ses frustrations, mais les bénéfices de l'alliance nouée entre les deux parties (la marque Sarkozy et le consommateur-électeur). Cette fameuse re-alliance qui réconcilie le moi (Sarkozy) et le nous (le peuple), le consommateur (électeur) et le marché, le politique et l'opinion, l'individu et le collectif. Pour la marque Sarkozy, s'appuyer sur ce sentiment de frustration exprimé par les électeurs présente un autre avantage. Cette stratégie ramène à la raison une partie du camp de l'abstention (cible fondamentale qui n'a que peu trouvé de discours à la hauteur de ses attentes) mais elle peut également séduire les mécontents, fonds de commerce de l'extrême droite depuis une dizaine d'années. En répétant à l'envi qu'il n'est pas l'homme d'un système mais l'homme du renouveau, le président de l'UMP vise à ramener les exclus du système dans le marché électoral. L'ordre moral, la justice, le travail, toutes les valeurs prêchées dans ses discours sont susceptibles de trouver un écho auprès de la cible des mécontents ou des abstentionnistes. Le bien-fondé de leur combat quotidien contre tous les laxismes est enfin reconnu par une marque qui fait autorité. Une autorité qui a le mérite de rassurer la France de la peur, et qui emporte l'adhésion pleine et entière du carré des indécis, ces électeurs dont l'arbitrage final entre passion et raison dépend des capacités de la marque à donner envie.

Sans rien changer à ses combats, l'évolution de son positionnement (une image de départ perçue comme inquiétante pour une partie de la cible électorale vers une image plus douce et rassurante) vise à montrer qu'il n'est ni le machiavélique empereur de la Guerre des Étoiles ni sa créature, l'implacable Dark Vador. Derrière le président de l'UMP et l'ex-ministre de l'Intérieur se cache un homme complexe et passionné. Un homme qui sans vivre ta vie (ta passion), ami électeur, en connaît chacun des moments, en a compris les difficultés et les mystères. Un homme compassionnel pour une marque relationnelle. La marque Sarkozy, comme la marque Danone, développe une vision à 360° de sa cible : l'électeur, le citoyen, le parent, le contribuable, le patient... En se fondant sur sa mission de base, « la France d'après », elle ne se contente pas de proposer des produits aux nombreuses facettes de l'individu, elle gère la relation dans une optique transversale. Sans aucun doute, la marque Sarkozy est le fruit de cette nouvelle figure de l'échange : la relation.

Tous les candidats sont des « marques »

François Bayrou adopte lui aussi les méthodes du marketing, mais avec une simplicité qui le démarque des autres candidats. Pur homme du terroir, père tranquille (sa gifle au gamin devenant presque légitime), il apparaît aux yeux des électeurs comme un homme rassurant, naturel, serein, comme le bon camembert du terroir. Se positionnant comme ni de droite ni de gauche, il fait du rassemblement une promesse électorale. Sa sortie contre la soi-disant bipolarisation de la campagne apparaît comme une forme de promotion et de « buzz marketing ».

Tous les candidats ont de fait une vraie vision marketing, ils ont fini par s'affranchir de la seule analyse du besoin, s'intéresser aux comportements plutôt qu'aux seules habitudes, accepter les diversités plutôt que l'uniformité. L'ambivalence des consommateurs les oblige à revoir la nature de leur contrat de marque, mais les règles à l'origine de l'échange restent, elles, inchangées. À la différence du marketing produit, en marketing politique, résumé par le triptyque magique : segmentation, positionnement, promesse, les conséquences du coup de foudre demeurant trop aléatoires, le futur élu est un être humain.

II

Renoncer pour conquérir

« Les bourgeois vont chez ED et adorent la Logan, tandis que les jeunes des cités arborent les vêtements griffés. »[1]

1. Dominique-Anne Michel in *L'Expansion Management Review*, septembre 2005.

4

Un marché, des segments

En géométrie, le segment est la portion d'une droite délimitée par deux points fixes aux extrémités. En anatomie, il s'agit de la partie d'un organe distincte des autres. En marketing, le segment est le sous-ensemble de l'offre globale du marché. Il vise à identifier un ensemble de clients qui ont les mêmes attentes (de confort, de luxe, de vitesse...), des comportements d'achat homogènes, mais surtout qui possèdent un potentiel d'achat suffisamment important pour assurer une bonne rentabilité à l'entreprise. Ainsi, sur le très convoité marché de l'hôtellerie, les experts marketing vont analyser le potentiel du marché du voyage d'affaires, du tourisme de luxe, de masse, afin de proposer une offre.

La notion de segmentation, un des concepts-clés du marketing stratégique, consiste à reconnaître que le marché unique et indivisible n'existe pas. Qu'au contraire, il est constitué d'une multitude de fronts sur lesquels l'entreprise doit mener bataille.

Une segmentation primaire…

L'agroalimentaire, l'aéronautique ou encore l'industrie automobile sont ainsi les segments lourds de l'économie de l'entreprise France, qui n'hésite pas au nom du patriotisme économique à défendre ses champions contre les attaques de prédateurs mal intentionnés. Pour déterminer le potentiel respectif de chacun de ses segments, l'entreprise France s'est penchée sur leurs résultats tangibles, poids dans le PIB, contribution aux résultats du commerce extérieur, emplois générés directement ou indirectement… De fait, chaque entreprise retient la segmentation qui lui semble la plus pertinente au regard des règles de son marché. Les quatre réseaux de diffusion de l'énorme marché de la beauté, grande distribution, salons professionnels, parfumerie sélective et pharmacie, structurent l'activité du groupe L'Oréal et de ses grands pôles : produits grand public, produits professionnels, produits de luxe et enfin cosmétique active. Le groupe Accor, et plus globalement le secteur de l'hôtellerie, segmente son offre en fonction du niveau de confort de ses produits. Du quatre étoiles (Novotel) aux pauses-sommeil au confort minimaliste (Formule 1), en passant par les hôtels deux (Ibis) ou trois étoiles (Mercure), chaque segment correspond à un type d'hébergement normé. Sur un modèle identique, les constructeurs automobiles segmentent leur production selon la taille des véhicules ou le type de carrosserie, le segment A correspond aux petites voitures, le segment B aux citadines et le H2 aux berlines de luxe. Ainsi le jeune célibataire urbain, actif, faisant de fréquentes sorties nocturnes et aimant les produits nouveaux, doit théoriquement se ruer vers une Clio, une 207, une Golf, ou la Smart.

Indispensable pour mesurer le potentiel du marché, en sentir les mouvements, identifier la concurrence, cette segmentation primaire n'est que la première étape du travail de compréhension des mécanismes qui régissent les échanges entre le producteur et le consommateur. S'en tenir à ce premier découpage reviendrait à s'arrêter au milieu du gué…

… suivie d'une segmentation clients

Pour en trouver la substantifique moelle, le marketing doit encore distinguer de l'ensemble, les segments, les sous-groupes, susceptibles d'être conquis par l'offre. Sans segmentation clients, l'entreprise serait incapable de déterminer le poids des moyens à mettre en œuvre pour parvenir à ses fins, provoquer la rencontre et l'échange. Ainsi, pour répondre aux attentes spécifiques d'un public très diversifié, les groupes de presse et autres diffuseurs audiovisuels sont passés maître dans l'art de segmenter les lecteurs et l'audience. Presse people, économique, maison, jeunesse, auto-moto, foot, gay, seniors, féminine (sous-segmentée *Isa, Biba*, *Marie Claire*, *Jeune et Jolie*, autant de titres pour autant de micro-cibles)…, à chaque groupe, communauté, sa tasse de thé. Quant aux guides culturels ou touristiques, de *Pariscope* au *Michelin*, ils ne se contentent pas de classer l'offre par ordre alphabétique, ils facilitent le choix en segmentant le marché en fonction des motivations et des envies de chacun. Véritable gain de temps pour le client, cette segmentation facilite la rencontre entre une demande très hétérogène et une offre, elle-même, pléthorique.

Fin connaisseur de son marché et de ses attentes, des millions d'euros investis chaque année dans les études en font foi, le marketeur, secondé par ses armées d'experts, a pour mission fondamentale d'identifier dans la masse des groupes de clients homogènes. Tâche familière aux départements marketing de toute entreprise, et plus généralement de toute organisation – la fameuse carte scolaire n'est rien d'autre que le résultat de son application à l'offre de l'Éducation nationale –, la segmentation devient pourtant un casse-tête sans nom tant les critères de segmentation se sont multipliés. Après avoir retenu des critères sociodémographiques – âge, sexe, revenu, niveau d'instruction, profession –, critères jugés insuffisants, discriminants, dans une société marquée par la surabondance de l'offre, le marketeur s'est tourné vers des critères plus subjectifs, styles et stades de vie, comportements, attitudes, etc., pour tenter de découper la cible en sous-ensembles homogènes. Le champ des possibles est aussi large que varié, mais aucun modèle idéal ne semble se dessiner tant le consommateur *« se*

Critères	Utilisation
Démographiques	
Sexe	Montres, déodorants corporels
Âge	Tourisme et loisirs
Taille et poids	Confection, produits diététiques
Composition et taille de la famille	Machines à laver, lave-vaisselle, petits-déjeuners
Géographiques	
Régions	Chauffages, pépiniéristes, certains produits alimentaires (alcools, charcuterie)
Habitat	Aliments pour chiens et chats
Sociaux ou économiques	
Revenu	Banque, assurance, voitures, voyages organisés, manteaux de fourrure
Niveau d'instruction	Livres, disques et spectacles
Catégorie socio-professionnelle	Presse, vêtements de travail
Religion	Produits contraceptifs, alimentation

montre rebelle à tout fichage systématique de ses goûts et de ses achats »[1]. Pourtant, cette identification quasi capillaire est bien l'unique objectif d'une politique de la segmentation qui vise ensuite à mieux cibler le client.

Pour contourner cette réelle difficulté, l'entreprise est récemment entrée dans l'ère du data-mining. En explorant ses bases de données, en se dotant des nouveaux outils informatiques, elle allait croiser et analyser l'ensemble des informations dont elle dispose pour enfin comprendre les subtilités du comportement des consommateurs. La démarche est louable mais pour être efficace, encore faut-il que toute l'entreprise y adhère, que l'ensemble des données soit effectivement partagé. Faute de quoi la connaissance du consommateur reste partielle. Tant mieux pour le consommateur dont le « fichage » par segment non nominatif n'est que partiel, tandis que pour les entreprises qui ont tout de même investi des fortunes dans ces énormes banques de données, la matière première est importante pour le ciblage. En attendant, et puisqu'il faut faire face à la concurrence et découvrir de nouvelles opportunités de croissance, le marketing segmente la population et constitue des groupes tout à la fois homogènes et hétérogènes. Une contradiction ? Non. Si segmenter revient à regrouper des individus qui ont des besoins communs, encore faut-il que ces besoins soient spécifiques à ce groupe et à lui seul. En théorie, les segments sont donc exclusifs les uns des autres. Le marketeur peut décider de cibler le plus grand nombre d'entre eux en proposant une offre généraliste ou au contraire s'attaquer à un ou deux segments. Pour toucher les amateurs de pêche au gros, et eux seuls, encore faut-il mettre la main sur des fichiers qui recensent l'ensemble de cette population, les triturer pour constituer des groupes d'individus partageant les mêmes aspirations et

1. *Management*, juin 2005.

vérifier que ces dernières ne sont pas le lot de tous. *A priori*, l'amateur de pêche au gros ne se confondant pas avec le contemplatif pêcheur à la ligne, le marketeur dispose d'informations suffisamment pertinentes pour l'attirer dans ses filets avec les arguments qui font mouche. Indispensable pour comprendre la structure du marché, y adapter l'offre et mettre en œuvre les stratégies de communication appropriées, la segmentation vise également à tailler l'herbe sous le pied d'un concurrent. Avant de rejoindre la grande famille qu'est Canal +, l'opérateur TPS avait fondé sa conquête du territoire sur la capacité à fédérer les familles autour de son bouquet. Alors que son éternel concurrent, CanalSat, draguait sa cible avec une offre marquée de l'esprit Canal, du fun, du décalé, du « djeune », TPS misait sur les valeurs de la famille provinciale. Des chaînes pour enfants, de l'information, du sport mais pour tous, la présence en exclusivité des deux piliers du PAF, TF1 et M6, ses actionnaires, et TPS Star, la chaîne foot et cinéma, un substitut de Canal +, compris dans le prix d'abonnement basique. Une différence longtemps cultivée par ses campagnes de communication, dont la créativité ne restera pas dans les annales, mais qui respiraient la proximité et l'efficacité. Désormais unique propriétaire des deux bouquets, le groupe Canal +, dans un souci de rentabilité et de cohérence, a revu la segmentation thématique de l'offre. Des chaînes ont été supprimées, d'autres fusionnent. Ainsi, les cibles sont distinctes et les marques ne portent pas les mêmes valeurs.

Reflet de la réalité du marché et de ses différentes composantes, la segmentation s'avère être également un excellent outil prédictif pour jeter les bases d'un nouveau concept. En s'intéressant aux quadras, urbains, actifs, rêvant de s'affranchir du statut d'automobiliste et de ses éternels bouchons, Piaggio a mis le doigt sur une frustration qui allait donner naissance à une innovation majeure, du moins pour la marque. Tentés par l'expérience du scooter, ces flambants cadres hésitaient à chevaucher ces destriers urbains, faute de se sentir en sécurité sur un deux-roues par nature peu stable. Pour eux, Piaggio a donc imaginé le MP3, un scooter à trois roues. Suffisamment large, la cible lui garantissait un retour sur investissement dans les plus brefs délais. Pari réussi. Plus encore, en lançant la compagnie L'Avion, basée sur le principe de la « business class à prix cassés »[1] l'ex-président d'Air Liberté vise une clientèle habituée au voyage haut de gamme, payé sur ses propres deniers.

Segmenter ou exclure ?

Pour être efficace, une segmentation doit être discriminante (surtout à l'égard des attentes et comportement du produit), pertinente (opérationnelle pour assurer un bon ciblage des clients), mesurable et accessible à moindre coût. Même le marketing social, formalisé par Philip Kotler et destiné à régir les échanges non marchands, n'échappe pas à cette règle. Le marketing n'ayant pas vocation à être une œuvre philanthropique, les pauvres, groupe homogène sur un bon nombre de critères, ne constituent pas encore une cible marketing, du moins sous nos latitudes. Dans les pays émergents, où la pauvreté ne veut pas dire absence de rentabilité, il en va tout autrement. Le développement des fonds d'investissement destinés à soutenir le « social business » dans les pays du Tiers-Monde et le lancement de micro-entreprises par des géants de l'industrie, à l'image de Danone au Bangladesh, confirment l'intérêt pour ces cibles, qui constitueront peut-être les relais de croissance de demain. En Europe occidentale, il en va tout autrement. À moins d'opter pour un marketing de niche, option juteuse lorsque la niche est bien pourvue,

1. *Capital*, mars 2007.

le succès de l'Espace Renault en est la preuve éclatante, une cible trop restreinte ou trop discriminante n'a que peu d'intérêt pour l'entreprise. Les patients atteints d'une des 8 000 maladies orphelines répertoriées dans le monde le savent. Trop peu nombreux pour justifier des investissements colossaux en R & D, ils sont les grands oubliés de l'industrie pharmaceutique.

Quant aux blacks, beurs ou asiatiques, représentant de ce qu'il est désormais convenu d'appeler « les minorités visibles », ils brillent sur la planète consommateur par leur insoutenable invisibilité. Ce qui est étrange quand on sait que ce marché pèse près de 7 millions d'individus selon les experts, et qu'en plus cette cible est surconsommatrice de produits. Les grands groupes comme L'Oréal et Estée Lauder ne s'y sont pas trompés, eux qui commencent à investir massivement dans le lucratif marché de la beauté ethnique. Dans la distribution, des marques comme Sephora ou Marionnaud s'y sont mises aussi.

Certes, les statistiques sur les origines ethniques de la population sont encore interdites. Certes, il n'est pas question pour les professionnels du marketing et de la publicité *« d'aller contre les valeurs républicaines et universelles de la France »*[1]. Résultat : alors que la diversité est une réalité démographique sociale et humaine qui s'impose à tous, les services marketing et leurs agences de publicité campent sur leur position. Par vocation, la publicité se doit d'être aspirationnelle, et le blanc demeure la couleur la plus attractive et la plus projective. Quant aux timides percées apparues ici ou là, avant de traduire un bouleversement des valeurs, elles résultent soit d'une stratégie de marques internationales, c'est le cas pour Carrefour dans la distribution, soit d'un positionnement de grandes entreprises, notamment dans le

1. « La délicate utilisation des minorités dans la pub », *Les Echos*, 23 novembre 2006.

domaine du recrutement (voir les pubs de BNP Paribas). Seules les marques encore jeunes, destinées à des communautés libérées des idées reçues, n'hésitent pas à se faire écho de la diversité nationale dans leur communication produit[1]. Aux États-Unis, où les considérations pseudo-universalistes n'ont pas cours, le business éthique tourne à plein régime. Agences de pub spécialisées, chaînes de télévision et radios thématiques, les membres de ces communautés sont des sujets marketing comme les autres. Lorsqu'il s'agit de gagner des parts de marché, les annonceurs américains, comme les multinationales, n'ont pas nos réserves. En Europe, la segmentation participe à la création de groupes constitués autour d'affinités, pas à celle de ghettos. Les consommateurs de produits bio ou les adeptes du développement durable, cibles aujourd'hui choyées par les marques, sont devenus des consommateurs respectables lorsqu'ils sont sortis du ghetto du militantisme. Quant aux attentes des électeurs du Front national, elles sont devenues audibles et acceptables dès que leur chevalier a récolté plus de 10 % des voix exprimées lors des échéances nationales.

Pour être digne d'intérêt, un segment doit être porteur de valeurs sonnantes et trébuchantes ou d'image. Jeune, urbain, actif, technophile, le portrait-robot de la cible chérie du chef de produit demeure trop souvent encore son autoportrait ou celui de sa tribu. En 2001, la Société Générale créait ainsi Nabab, une filiale dont le nom à lui seul résumait la vocation. Nabab devait être la banque des bobos, ces individus jeunes qui nichent essentiellement dans quelques arrondissements de la capitale et dont les technologies de l'information ont fait la fortune. Pour faire partie de l'heureuse clientèle de cet établissement virtuel, interdit aux fauchés, les prospects devaient présenter de sérieuses garanties et procéder à un verse-

1. *Marketing Direct*, n°58, octobre 2001.

ment initial de 10 000 euros. Cette population était-elle insuffisante pour constituer un segment viable, les avantages proposés étaient-ils en phase avec ses attentes ? Difficile de juger. Toujours est-il que Nabab n'est jamais devenu le khalife du placement des hauts revenus et l'expérience n'a pas fait long feu.

En revanche, les aristochats font la fortune de la division aliments pour animaux du groupe Masterfoods. En misant sur le phénomène d'anthropomorphisme qui caractérise la relation homme/animal domestique, le groupe concentre ses efforts marketing sur le segment haut de gamme et notamment sur sa marque Sheba. Selon une étude Sofres, diligentée par la marque, 77 % des Français considèrent leur animal de compagnie comme un proche et 56 % d'entre eux voient dans leur chat un ami. Ce constat va permettre à Sheba de lancer une nouvelle gamme de repas digne du fait maison. Les Dômes, c'est son nom, renvoient à l'idée de la gastronomie, à la cloche sous laquelle les bonnes maisons présentent les mets préparés avec amour à leurs convives. Bien évidemment, les Dômes ne sont pas donnés, mais offre-t-on une nourriture ordinaire à son meilleur ami ? Quelques mois après son lancement, la gamme avait conquis 21 % de part de marché du segment des produits de sa catégorie[1]. Une petite mais juteuse catégorie.

Après avoir découpé le marché en segments homogènes, le marketing n'a parcouru qu'une partie du chemin. Il lui faut encore déterminer les segments prioritaires, appelés à devenir les cibles de ses actions. C'est le deuxième temps de la valse, le ciblage. Taille, potentiel de croissance, structure, toutes les données sont passées à la moulinette pour en extraire les pépites et exclure les indésirables : les mauvais clients au sens de la marque ou

1. *Marketing Magazine*, n°95, mai 2005.

du produit. Comme si la ménagère de plus de cinquante ans, les retraités, les insolvables, les pas beaux... n'existaient pas.

Tout cela a évidemment un coût. Avant d'envoyer ses flèches percer l'intimité du consommateur, l'entreprise investit en matières grises et en logiciels lourds. Pour un résultat qui n'est plus toujours au rendez-vous. Malgré les lavages de cerveaux orchestrés par le marketing, le consommateur reste un être facétieux et volatile.

Roulant au volant d'un 4 × 4, signe d'appartenance à un segment à l'aise dans ses finances, Madame, le soir venu, gare son véhicule sur le parking d'un magasin Aldi ou Lidl, enseignes germaniques spécialistes du *hard discount*, du moins cher que pas cher, et donc destinées, *a priori*, aux fauchés. En se jouant des règles de la segmentation, en se disqualifiant par rapport à son segment d'appartenance, Madame devient le cauchemar des analystes qui n'aiment rien mieux que quantifier. Madame n'est plus un élément du segment, de la cible, elle est redevenue un individu guidé par ses propres règles et l'immense choix offert par le marketing. Pour des raisons qui lui appartiennent, et qui lui sont propres, notre consommatrice à haut revenu, lorsqu'il s'agit de remplir son réfrigérateur, adopte les comportements d'achat d'un smicard. Un paradoxe qui interpelle la communauté marketing et qui régulièrement remet en cause la notion même de segmentation.

5

Gérer les paradoxes

Comment composer des groupes homogènes et exclusifs si deux personnes socialement différentes sont parentes dans leur acte de consommation ? Et surtout comment leur parler, communiquer, faire vivre la relation ? Ces questions occupent désormais à plein temps les services marketing confrontés à l'émergence de nouveaux modèles « consommatoires ». Depuis que le marketing est marketing, un postulat de base veut que le consommateur aime les grandes marques, avale les tunnels de pub avec délice, prenne un réel plaisir à faire du shopping, s'éclate dans les rayons des hypermarchés et enfin soit scotché à son écran de télé. Seulement, ce modèle ne concerne plus que 16 % de la population[1]. 84 % des Français n'y adhérent plus. Le désir de consommer est toujours là, mais une écrasante majorité de Français a pris ses distances vis-à-vis de la pensée unique des professionnels du marketing. Gérer les paradoxes du consommateur revient à gérer cette prise de distance. Pour éviter la rupture, le marketing ne peut plus se retrancher derrière ses certitudes. La France, pas plus que l'Europe, n'est pas un immense DisneyLand où le bonheur se marchande pour quelques euros. Le consommateur est complexe mais peut-il en être autrement ?

1. « Publicité & Société », étude Ipsos-Australie, novembre 2005.

Une juxtaposition déconcertante de modèles de consommation

S'adapter ou mourir. Chaque jour, le message résonne aux oreilles de l'individu. Si le citoyen parvient encore à faire la sourde oreille, le consommateur, lui, se bricole de nouveaux modèles pour survivre. Dans une société de plus en plus rapide, de plus en plus riche en termes de choix, il va où son instinct de survie le mène. Dans les années 60, la grande distribution lui promet des produits moins chers que ceux de l'épicier du coin de la rue, il se précipite dans les nouveaux temples de la consommation. Quelques décennies plus tard, le hard discount lui fait de l'œil avec des prix planchers. Il fait vite ses comptes. Trois abonnements à SFR, Bouygues ou Orange, plus Internet, plus Canal +, plus le prix du loyer, plus les études du petit dernier, plus, plus, plus. Son budget explose, pourquoi ne pas économiser trois euros six sous en adoptant d'autres modèles, ou plutôt en juxtaposant les modèles de consommation. Dans nos sociétés développées, postmodernes, portées par l'initiative individuelle, le consommateur rêvé par le marketing s'efface devant un individu aux multiples identités et aux comportements parfois contradictoires. Oscillant entre le rationnel et l'irrationnel, entre le cognitif et l'affectif, l'*Homo complexicus* veut des prix bas, les produits de luxe ne se sont jamais aussi bien vendus, il aspire à la sécurité, à la réassurance, la pratique des sports extrêmes explose. Il se veut solidaire, mais c'est moi d'abord, il soutient les initiatives de Nicolas Hulot mais laisser la voiture au garage, c'est pour le voisin. Il est pour la diversité culturelle, mais simplement au restaurant. Avec une habilité déconcertante, notre individu pratique en permanence le grand écart entre l'appétit et le rejet de la consommation. Un grand écart qui complique singulièrement le travail de segmentation.

La nouvelle mission du marketeur

Notre marketeur doit gérer une double contradiction, celle du consommateur et celle de consommation. Expert des tableaux Excel, des modèles économiques et autres outils statistiques, le marketeur est nettement moins bien armé lorsqu'il s'agit d'aller explorer la réalité de l'individu et la culture de la consommation. Si les sciences humaines ont leur place dans l'entreprise, les services marketing restent des territoires à conquérir. Heureusement, il y a les instituts d'études. Au-delà de la mesure des courbes des marchés – pendant longtemps première demande de l'entreprise –, leurs sondages, leurs études d'opinion, leurs typologies, leurs veilles des marchés et des consommateurs en font les alliés incontournables du marketing. *« La mesure des flux a été la légitimité des instituts d'études. Les études doivent passer de cette légitimité à celle d'un discours sur le consommateur »*, note Jean-Marc Lech, coprésident de l'institut Ipsos[1]. Apporter de l'intelligence consommateur à des services noyés dans des données quantitatives, telle est donc la mission de ces instituts, qui depuis quelques années se voient concurrencés par les sociétés de conseil et autres SSII...

Spécialistes de la gestion et de l'organisation de l'entreprise, ces firmes, dont la plus célèbre reste feu Arthur Andersen, ont largement participé à la fameuse révolution CRM de la fin du siècle dernier. Un CRM, *Costumer Relationship Management*, ou en français la gestion de la relation client, c'est une démarche visant à identifier, conquérir et fidéliser les meilleurs clients de l'entreprise afin d'augmenter la valeur du capital clients. Porté par le développement des technologies informatiques et les systèmes d'information, l'avènement du CRM ouvrait l'ère du marketing clients. Les logiciels spécifiques d'analyse

1. *Marketing Magazine*, n°95, mai 2005.

des données, le fameux data-mining des spécialistes, allaient enfin permettre à l'entreprise de segmenter finement ses clients et d'estimer la valeur de chacun d'eux. En concentrant ses efforts sur les segments les plus rentables, le marketing devait accroître l'efficacité de ses campagnes de communication ; la personnalisation de l'offre, son but final, renouerait les liens distendus. En résumé, le CRM apparaît comme le remède miracle contre l'infidélité structurante du consommateur. Le Saint-Graal du marketing moderne devenant ainsi le marketing relationnel. Oubliée l'omnipotence du marketing produit, l'heure est au marketing relationnel, à l'écoute et à l'analyse pour s'adapter aux besoins.

Le marketing one-to-one : la solution ?

Terminée la segmentation classique, le marketing one-to-one est à l'œuvre. Grâce à ce « one-to-one », qui pourrait se définir comme la segmentation ultime, le marketing ne va plus s'adresser à un groupe aussi homogène soit-il, mais bien à un individu ou à quelques individus, le *one-to-few* : et de voir fleurir dans les communications dites ciblées, une nouvelle forme de connivence traduite par le « et vous ». Envie d'arrêter la cigarette, le site « j'arrête et vous » apporte son soutien aux futurs ex-fumeurs. La technique n'est pas nouvelle. Les vépécistes comme La Redoute ou les 3 Suisses, les marchands sur catalogues, aujourd'hui en ligne, sont les rois du marketing client. Les entreprises du mobile et de l'Internet se sont inspirées aussi de ces méthodes. De la lettre personnalisée et des petites attentions destinées à sceller l'amitié et le souvenir de la marque, ils ont été parmi les premiers à expérimenter ces techniques de segmentation et de fidélisation. Les banques, les assurances leur ont emboîté le pas, notamment en période de recrutement. La nouveauté résiderait plutôt dans l'extension du domaine du one-to-one. Qu'il s'agisse de produire des biens ou des idées, tout le monde vote pour l'individualisation des actions marketing. Grâce aux technologies de l'information, toutes les entreprises, dès qu'elles ont effectué un saut technologique, sont capables d'adapter le contenu d'un message au profil de l'individu-cible.

Le marketing atteignait enfin son inaccessible étoile : le sur-mesure de masse. Sauf que mettre en œuvre ce type d'opération coûte cher, très cher, et que le one-to-one n'est pas une assurance multirisque. Il autorise bien sûr une plus grande complicité entre l'émetteur et le récepteur. La marque se rapproche du consommateur, redevient un partenaire et lui parle non plus comme à une cible mais comme à un individu. Remède au manque de réaction des consommateurs face à une offre surabondante, le marketing relationnel ne dit cependant rien sur les causes de l'incroyable complexité de l'individu et de son rapport à la consommation.

Pour renouer le contact avec cette société paradoxale, le marketeur, quel que soit son champ d'action, doit admettre que son modèle consommatoire de référence n'est plus qu'une vue de l'esprit. Le stéréotype d'un consommateur pigeon a laissé place à un consommateur autonome qui remet en cause les valeurs qui structuraient jadis le vivre-ensemble. Plus critique, il ne se laisse plus berner par les sirènes de la publicité, plus mobile, plus flexible, il ne supporte plus l'idée de perdre du temps. Foncièrement libéral, il achète ce qu'il veut, où il veut, quand il veut.

Cet individu-là est celui avec lequel le marketing doit conclure un nouveau deal. Loin des schémas de la pensée cartésienne, le marketing emprunte désormais à l'oxymore, ou oxymoron, pour tenter de tisser de nouvelles fidélités. « *En communication, politique, personnel ou produit, on cherche à créer un impact avec l'oxymoron, mais c'est une figure complexe. Elle engendre un choc, mais elle est aussi le symbole de la réconciliation des extrêmes. Par son audace, elle ouvre aussi tous les champs du possible puisqu'elle aide à imaginer son propre univers. C'est une figure intemporelle qui connaît aujourd'hui un pic d'intérêt et n'est pas près de disparaître de la scène.* »[1] Avec la « rupture tranquille », le candidat Sarkozy s'est essayé à cette figure rhétorique, associant des mots aux réalités contradictoires, avant de revenir à un slogan plus classique dans la forme et dans le fond.

Ne plus exclure, accepter la réalité des nouvelles formes de consommation où enjeux sociétaux et aspirations individuelles se mêlent et s'entrechoquent : l'enjeu est vital pour les marques, pour l'entreprise comme pour le politique, qui tant dans leur positionnement que dans leur communication sont condamnés à faire rimer marketing et intégrité. Des réalités qui ne sont pas contradictoires. « *Mais attention, l'hypersegmentation rend myope, voire aveugle, à force de scruter les détails de marchés.* »[2] D'où la nécessité absolue, voire vitale, pour une entreprise d'avoir un vrai, solide et durable positionnement. Mais comment ?

1. *Newzy Hebdo*, 22 décembre 2006.
2. Georges Lewi in *Marketing Magazine*, février 2007.

III

Seule la différence se remarque

"Il faut savoir se positionner." [1]

1. Album *Un Gaou à Oran* par 113 et Magic System.

Je maitrise mon budget chauffage

Simplicité = pr la maitresse de maison
- ménagère
^ femme.

Qui gère le chauffage
Ca veut dire quoi gérer chauffage
Qui tourne la molette ?

Femmes : avoir chaud
Hommes = €

6

L'art du positionnement

Dans une société marquée par l'hyperchoix, il ne suffit plus de dire « regarde-moi, écoute-moi, j'existe » pour marquer les esprits et provoquer la relation, exister. Il faut encore donner des raisons d'être l'heureux élu. Condition *sine qua non* pour exercer le pouvoir, du moins dans un régime démocratique. C'est le but assigné au positionnement, dernier étage de la fusée marketing.

Ce qu'est le positionnement

Apparue dans les années 70, sous la plume de deux publicitaires américains Al Ries et Jack Trout, la notion de positionnement vise donc un but et un seul : gagner *« la bataille pour l'esprit »*[1]. Pour parvenir à ses fins, le marketing doit ancrer l'offre dans son univers de concurrence, marquer son territoire, construire l'histoire du produit, de la marque, exprimer ses spécificités, et tant que faire ce peut, donner du sens à son action. Le code génétique de la marque, son ADN, s'exprime à travers son positionnement.

1. Al Ries, Jack Trout, *Positionning : the battle for your mind*, Warner Books, 1982.

En résumé, se positionner, c'est donner à voir une représentation de soi, affirmer simplement et durablement sa différence sur un territoire déterminé par rapport aux autres. C'est trouver une différence entre des marques, des individus, des politiques. Se positionner, c'est définir face à la concurrence la manière dont l'offre sera façonnée, et donner au produit une image dans l'esprit de la cible. En d'autres termes, c'est ce que le consommateur perçoit du produit ou du candidat. Mieux encore, c'est la place que l'on souhaite occuper dans l'esprit de la cible que l'on vise. Ainsi Nicolas Sarkozy souhaite se positionner comme un décideur, pragmatique, visionnaire et proche des préoccupations des « gens ». Ségolène Royal, comme la porte-parole des attentes des « gens ». Bayrou comme l'homme du centre rassembleur des Français. Le positionnement, c'est en quelque sorte la carte d'identité du produit.

Longtemps cantonné aux seuls biens matériels, le positionnement est entré dans toutes les sphères de la société. Vie privée ou vie publique, chacun est appelé à ajouter à l'art de la séduction celui du positionnement. Au travail (dans le monde très feutré des cadres dirigeants le positionnement se fait face à un collègue, « moi je fais vite et mieux que mon collègue ») comme dans ses relations amoureuses, et quelle que soit la situation, pour imposer sa différence et se faire préférer à l'autre, l'humain s'adonne avec plus ou moins d'entrain à l'une des pratiques phare du marketing : le positionnement. Beau triomphe pour une science pourtant si décriée…

Le septième art l'a bien compris

Longtemps à l'abri du positionnement, le monde des arts et de la culture s'est lui aussi converti à cette religion. Dans l'univers du septième art, cette conversion n'est pas récente. Films pour enfants, thrillers, comédies, drames, émotions, le genre cinématographique est passé maître dans l'art de la segmentation, mais l'avalanche de nouveautés oblige la production à surenchérir. Pour optimiser la durée de vie en salles, trois à quatre semaines, il faut désormais pré-vendre l'œuvre. Six mois, voire un an, avant sa sortie, le grand barnum médiatique se met en place pour pré-positionner le film. De *La Guerre des Étoiles* au *Da Vinci Code*, en passant par *Brice de Nice*, *Amélie Poulain* ou encore l'OVNI *Borat* sorti en novembre 2006, tous ces longs métrages ont ainsi fait l'objet de véritables campagnes de *teasing*, de pré-annonce en français. Le succès de *Brice de Nice*, et de son fameux « cassé » repris en chœur dans toutes les cours de récréation de France, s'est construit sur le buzz ; celui du dernier James Bond, *Casino Royal*, sur un bouche-à-oreille savamment organisé ; quant à l'ami Borat, avant d'envahir le petit et le grand écran, sa production était déjà culte sur le Net où, de discussions en diffusions, son quart d'heure de gloire était magistralement orchestré.

La madone, comme un produit

Après le cinéma, l'industrie musicale calibre chacun de ses artistes pour répondre à la politique de segmentation des radios. Gare à celui qui n'entre dans aucune case ou dans aucun format. Beaucoup de chanteurs populaires des années 70-80 ont fait la douloureuse expérience de leur manque de positionnement clair, malgré leur talent reconnu. Nouvelle époque, nouveau positionnement. Les maisons de disques ne sont pas les seules à emprunter les techniques du marketing.

En plus de son talent, Madonna a bâti la sortie de ses albums ainsi que sa carrière sur un plan marketing à faire pâlir d'envie les stars du CAC 40. La star des sunlights n'est pas simplement un produit de la société du spectacle, elle est une marque qui fait vendre. Après les disques, les livres pour enfants, elle s'attaque au prêt-à-porter. Au printemps 2007 le temple de la fringue chic et branchée, H & M, lançait « M by Madonna ». Aux dires du distributeur, cette collection co-designée par la star *« reflète le style intemporel, unique et toujours glamour de Madonna »*[1]. Mais Madonna ne se contente pas de se servir de son extraordinaire aura pour vendre. Sa « grosse entreprise » n'hésite pas à développer son propre service études quand les besoins s'en font sentir. Son dixième album « Confessions On A Dancefloor » serait ainsi le résultat d'un pré-test consommateurs, ou focus-group. Diffusées, sans sa voix, dans les boîtes de nuit les plus emblématiques de la planète, les chansons, qui devaient composer son dernier opus, ont été évaluées comme de simples produits de consommation. Seules les compositions qui déchaînaient les foules ont, finalement, été enregistrées[2]. À l'image du cinéma hollywoodien qui use et abuse des tests consommateurs pour rassurer les producteurs, la chanteuse a probablement ressenti le besoin de faire valider ses choix par son public avant de se lancer de nouveau dans l'arène. Une petite claque à ce flair légendaire qui lui fait traverser les années sans souffrir de la concurrence des jeunes Lolita pourtant pressées de détrôner l'idole d'une large population.

1. France 3, 8 décembre 2006.
2. *The Telegraph*, 27 août 2005.

7

L'affirmation des choix

Arme de conquête des esprits, le positionnement, traduction des choix stratégiques de l'entreprise, de ses objectifs sur le marché, a pour mission de rendre une offre plus attirante, plus juste, plus aimable, plus sexy que ses concurrentes. Exprimés à travers les quatre éléments du mix-marketing – produit, prix, réseau de distribution, communication et promotion – ces choix visent un triple objectif : crédibiliser, différencier et rendre attractive une offre sur un marché donné.

L'exemple du marché de l'eau

Ainsi, le marché de l'eau en bouteilles, marché à gros volume où toutes les marques visent le même but – se faire préférer à l'eau du robinet – est en soi exemplaire des politiques de positionnement mises en œuvre par les entreprises. Comment un consommateur tout droit débarqué de la planète Mars peut-il différencier deux bouteilles d'eau ? La nature de l'eau, de source ou minérale, plate ou pétillante, des informations généralement délivrées par le distributeur, constituent un premier filtre. Oui, mais avec ces quelques indices, le client est encore un peu sec pour décoder un rayon où Cristalline, Evian, Contrex, Vittel, Salvetat, Perrier, Badoit, Volvic, sans oublier les marques distributeurs, se battent pour réhydrater le corps humain. Afin de faciliter un choix rapide, la marque n'a que quelques secondes pour s'imposer comme une évidence ; chacune d'entre elles émet des signes particuliers, traduction de ses avantages. Pour les unes, ces signes exprimeront leur positionnement prix, pour les autres, il s'agira plutôt de mettre en avant une composition minérale liée à un bénéfice santé ou encore un terroir. Selon ses attentes, le goût, la santé ou tout simplement le porte-monnaie, bref selon un élément jugé déterminant à ses yeux, le consommateur opère son choix final.

La pureté de ses terres d'origine, les Alpes, a ainsi permis à Evian de devenir l'eau des bébés tandis que la composition minérale de Contrex la destine à d'autres usages. Ses effets diurétiques en font l'eau de la minceur. Ce travail de positionnement a aidé les services marketing à différencier l'offre au sein du marché et à vendre cher des bénéfices que n'apporterait pas l'eau du robinet. Mais l'essentiel est ailleurs. Les axes de différenciation retenus doivent être suffisamment pertinents pour permettre à la marque de faire vivre un imaginaire. En d'autres termes elle doit être perçue comme différente. Si Evian n'était que l'eau des bébés, elle ne serait jamais devenue la marque d'eau la plus vendue au monde. À partir de son positionnement originel : la pureté de l'eau des Alpes, le marketing de la marque a en quelque sorte déroulé un scénario destiné à associer la marque à d'autres valeurs complémentaires. Avant d'être de l'eau embouteillée, Evian est une station thermale. Un lieu de jouvence et de santé. En 1998, la marque plonge dans ce bain pour devenir source de jeunesse. « Observons l'effet d'Evian sur votre organisme » commande sa superbe campagne de communication où des bébés nageurs exécutent un ballet nautique digne d'Esther Williams. Quelques mois plus tard, la marque creuse le sillon de la jouvence en revenant à l'écran avec ce même ballet exécuté non plus par des nourrissons mais par des sexagénaires épanouis, symbole éclatant de l'éternelle jeunesse.

Autre fille du thermalisme, Contrex capitalise également sur les propriétés de sa source d'origine. Mais son combat est différent ; elle aide les femmes à lutter contre les kilos superflus. Différenciation et traduction : Contrex est une eau beauté, « un partenaire de la minceur ». Cette caractéristique, au centre de son positionnement, devient son axe de différenciation et de communication. Perçue comme telle par ses consommateurs, la marque, dont la bouteille suggère habilement les formes féminines, peut désormais se décliner, à bulles ou aromatisée, elle n'en demeure pas moins synonyme de minceur. À la féminité de Contrex répond la vitalité de Vittel. Jusqu'à un passé récent, sa bouteille carrée, l'un de ses signes distinctifs, suffisait à exprimer cette qualité. Mais dans une société qui encense les valeurs féminines, après les avoir dévaluées, le carré, qui renvoie au masculin, n'est plus porteur d'imaginaire. Ou du moins, Nestlé Waters, son propriétaire, le pense-t-il. En 2005, pour exprimer toutes les facettes de la vitalité, physique et émotionnelle, dixit le dossier de presse, la bouteille de Vittel délaisse sa forme originale pour adopter un volume en rondeur tout en conservant les signes distinctifs qui font sa singularité, à commencer par la verticalité de son identité de marque. La vitalité s'exprime également à travers la couleur rouge, celle du bandeau mais aussi du bouchon qui à l'occasion du lifting du packaging adopte la même couleur. Ce choix a un double avantage ; il évite la banalisation et il crée une rupture visuelle dans les linéaires dominés par le bleu, qui comme chacun le sait est la couleur de l'eau !

José Bové, reconnaissable entre tous

Cette stratégie de la différenciation n'est pas l'apanage des seuls produits de consommation. Sans tomber dans la caricature excessive qui voudrait que tout échange humain soit dicté par la loi du marché, force est de constater que les techniques du marketing s'exportent bien. Le succès médiatique de l'emblématique porte-étendard du mouvement altermondialiste, José Bové, illustre à merveille l'extension du champ de la démarche marketing. De la pipe à la moustache en passant par le phrasé et les vêtements, tout dans sa posture participe à la construction de signes distinctifs immédiatement identifiables. Maître dans l'art du positionnement, l'homme n'hésite pas à mener des actions de communication spectaculaires. Démontage de restaurant McDo, destruction de champs de maïs OGM, construction d'une maison écologiquement neutre, son programme événementiel capte l'attention des médias et provoque d'exceptionnelles retombées médiatiques. À la manière des multinationales qu'elle combat, la petite entreprise José Bové s'appuie sur un positionnement sans faille pour personnaliser, aux quatre coins de la planète, la lutte contre la mondialisation et son expression la plus visible l'Organisation Mondiale du Commerce, l'OMC, et maintenir à distance ses concurrents directs et indirects. La percée sur la scène médiatique de la jeune et blonde conseillère de la ville de Paris, Clémentine Autain, figure de proue de l'aile bobo de l'altermondialisme hexagonal, participe à l'animation du marché sans constituer de réelle menace à court terme. Incarnation vivante du mouvement alter, dont il en a légitimité l'existence auprès des médias et de l'opinion, le chantre d'un autre monde a gagné la bataille de la communication. Seul bémol à ce triomphe, mais il est d'importance, un bon positionnement installe l'offre dans l'esprit du consommateur, mais il ne suffit pas à faire acheter le produit. Singulier, crédible, le positionnement 100 % anti du Robin des Bois moderne est particulièrement efficace lorsqu'il s'agit de troubler l'ordre du marché. En revanche, à l'évidence, il est trop spécifique pour menacer durablement l'équilibre de ce même marché. Le chevalier du Larzac en a fait l'expérience lors des dernières élections présidentielles. Un positionnement de niche s'accommode mal d'un marché de masse où il faut aussi être attractif.

Un logo, un slogan, une signature

Pour lever d'éventuelles ambiguïtés sur leur positionnement, limiter les risques d'une perception trop partielle de leur mission, certaines marques signent leur prise de parole d'une phrase, d'un slogan, traduction de la valeur ajoutée qu'elles sont supposées apporter au marché. Le « Just Do It » de Nike, le « Bon sens près de chez vous » du Crédit Agricole, « La vie, la vraie » d'un Auchan ou encore l'« Assureur militant » de la Maif, participent, avec le nom et le logo, à la construction de l'identité de marque, un imaginaire auquel le consommateur se réfère instinctivement. Exercice pratiqué avec plus ou moins de talent, la signature, dite institutionnelle lorsque le référent est l'offre globale de l'entreprise, est en quelque sorte l'enveloppe charnelle du positionnement. Trop souvent confondue avec le slogan publicitaire, elle est pourtant beaucoup plus qu'une simple ritournelle commerciale. Passé, présent et futur de l'entreprise, elle en est sa profession de foi. « Today, Tomorrow » (Aujourd'hui, demain) dit Toyota, « For Life » annonce Volvo tandis que depuis 2000, Renault s'affirme « créateur d'automobiles ». Avec cette signature qui succède aux « voitures à vivre », le constructeur français entre dans une nouvelle logique. En s'ancrant sur le territoire de la création, la firme au losange fixe ses perspectives d'évolution ; l'innovation et le haut de gamme. La mission définie, reste la réalité quotidienne du marché. Renault accompagne donc le lancement de chacun de ses nouveaux modèles d'un slogan publicitaire destiné à donner du sens à la promesse de la marque. La Clio restera longtemps associée à son « Elle a tout d'une grande », Scénic à la

« nouvelle adresse » et la Modus à l'interrogation « Grandir pour quoi faire ? ».

À la différence du logo, adopté par toutes les entreprises ou presque, le drapeau d'une nation en est un, la signature n'est pas systématique. Mercedes Benz, Chrysler ou encore Jeep et Alfa en ont fait l'économie. Ces constructeurs trouvent à juste titre que leurs marques, les valeurs portées par leurs produits sont suffisantes pour affirmer l'identité face au consommateur. L'identité stylistique des unes, l'histoire des autres suffisent à donner corps au positionnement et à créer un imaginaire de marque chez le consommateur. Ainsi la marque du site Internet Aufeminin.com s'est naturellement imposée comme le numéro 1 des magazines féminins sur Internet. Ne laissant à Newsfam et Femmesonline que la portion infime de ce marché. Positionnement astucieux et promesse simple ont fait le succès de cette marque.

Se positionner, pour quoi faire ?

Affirmation d'un point de vue, qui logiquement peut s'opposer à un autre, le choix du positionnement est, par essence, la principale prise de risque du marketing. Mal conçu, il déroute ; trop alambiqué, il rend le consommateur perplexe ; peu lisible, il le fait fuir. Et un consommateur perplexe n'est pas un consommateur heureux. Il n'achète pas par manque de confiance. Bien qu'il s'en défende, lorsqu'il s'agit de consommation, le Français se révèle être un conservateur. À cette difficulté première vient s'ajouter un nouvel élément. L'expérience acquise, les cinquante ans de marketing subis, ont laissé des traces. Le client est désormais un expert en décodage. La donne complexifie considérablement le travail du marketing contraint de dealer avec une sorte d'alter ego. Face à cet individu, décomplexé, informé, libre de ses choix, le bon soldat du marketing marche sur des œufs. Une erreur dans la perception du positionnement et c'est toute une stratégie qui s'écroule. Avec elle, les sommes colossales investies dans le développement et la mise sur le marché de l'offre. Pour éviter l'accident industriel et ses conséquences, souvent dramatiques, le marketeur, qui ne possède pas toutes les vérités, s'appuie une fois de plus sur son service études. Après l'étude de segmentation qui aura permis d'identifier les cibles utiles à l'entreprise, l'étude qualitative, qui aura permis de faire émerger des pistes d'une possible différenciation grâce à l'analyse des motivations et des comportements du consommateur, bref après toute la face préparatoire, voici l'heure de la validation. Une nouvelle série d'investigations quantitatives va permettre au marketing d'entériner les choix retenus. Tests de concept, études de positionnement, de potentiel, sur des marchés où des millions d'euros, et accessoirement d'emplois, sont en jeu, rien n'est laissé au hasard. Assurances contre les risques d'un positionnement qui ne répondrait pas à son triple objectif – coller aux attentes de la cible visée, ne pas être déjà préempté par un ou plusieurs concurrents et enfin être cohérent avec les avantages de l'offre –, les études sont avant tout des aides à la décision et sont fondamentales à la réussite du positionnement.

Un échec cuisant dans le domaine de la cyberbanque

Aussi fondamentales soient-elles, elles ne sont ni les instruments de contrôle d'un marketing machiavélique, ni des boules de cristal. Si c'était le cas, la carte Egg serait dans le portefeuille de tous les Français. Et l'assureur britannique Prudential, à l'origine du nouveau modèle de banque que devait être Egg, n'aurait pas été contraint de céder son activité bancaire à la suite de l'échec de la filiale française.

Pourtant lorsqu'en 2002, sur les cendres de la banque en ligne Zebank, cette dernière a fait une entrée tonitruante sur le marché hexagonal, c'est bien de révolution dont parlaient les médias. Forte de son succès en Grande-Bretagne, la filiale du Britannique ambitionne de donner de la consistance au marché encore naissant de la cyberbanque en misant sur un nouvel imaginaire du crédit. Un nom totalement décalé sur le très sérieux marché des produits financiers, une offre inédite, le remboursement de 1 % sur les achats effectués avec une carte siglée Egg, sans avoir à changer d'établissement bancaire, un budget de lancement de 30 millions d'euros et une campagne de publicité furieusement deuxième degré, le marketing avait bétonné son affaire. Les Français allaient se précipiter sur cette offre en rupture. Dix-huit mois plus tard et après avoir investi plusieurs millions d'euros dans son développement, Egg France mettait les clés sous la porte. Avec ses 130 000 clients, la banque était loin de l'objectif attendu, un million de clients à l'horizon 2004[1]. Pour expliquer l'échec, les milieux autorisés ont évoqué la réticence des Français à l'innovation, leur conservatisme viscéral. Or, la stratégie entière de la nouvelle marque reposait sur une innovation à double détente. Une innovation dans le réseau, Egg devait être le premier hypermarché virtuel de produits financiers, une innovation sur le produit, la fameuse Cash Back. Ce choix lui permettait d'exprimer sa différence vis-à-vis des institutions bancaires, répondait aux attentes du public visé, les 25-49 ans, urbains, friqués, entretenant une relation détendue avec l'argent et enfin il était cohérent avec les avantages réels de l'offre. Moins de frais fixes, c'est forcément plus de rémunération pour les clients. Validée par le triangle d'or du positionnement – attentes de la cible prioritaire, atouts du produit, avantage concurrentiel – l'offre allait cartonner.

Si le marketing était une science exacte, les Français à l'image de leurs voisins britanniques auraient probable-

1. RFI, 14 juillet 2004.

ment plébiscité une marque qui leur offrait le beurre et l'argent du beurre. Mais de ce côté-ci de la Manche, le crédit, chose sérieuse, est l'objet d'une surveillance permanente. À peine lancée, l'offre Egg est épinglée par les associations de consommateurs. Manque de transparence. Quant à la campagne de communication dont l'objectif est « de faire évoluer les mentalités et instaurer une autre idée de l'argent », selon les propos de sa directrice des relations publiques d'alors, interpellée par l'association féministe La Meute[1], elle déclenche un véritable tollé d'indignations. Sexiste, raciste, cruelle, dégradante, les mots ne sont pas assez forts pour qualifier cette campagne qui voulait faire la chasse aux idées reçues en jouant de l'humour et du second degré. Pour imposer son autre idée de l'argent, son point de vue de banque, le marketing et son agence n'ont pas hésité à prendre les Français à rebrousse-poil, bien mal leur en a pris. Mais pouvaient-ils adopter une autre stratégie de communication ? En y regardant de plus près, la fameuse carte Cash Back n'était, au final, qu'un nouvel habillage pour vendre du crédit revolving dont le taux de crédit n'avait rien d'exceptionnel. Bref, du vieux assaisonné à la nouvelle sauce du Net. Sans réelle innovation produit, desservie par un réseau de distribution qui devait encore faire les preuves de sa fiabilité, enfoncée par une campagne de communication limite, Egg n'est pas parvenue à créer un nouvel imaginaire du crédit.

Attribuer l'échec du modèle Egg à la résistance des Français à l'innovation revient une fois encore à faire supporter le poids du désastre au seul consommateur. Une attitude qui permet d'occulter la question de la myopie de son marketing. Identifié par le professeur Théodore Levitt, ce trouble de vision touche un certain nombre d'entreprises et les empêche de voir un peu plus

1. www.lameute.fr

loin que le bout de leur nez, leur produit, leur offre, leur perception des marchés…

À l'origine de nombreux échecs, ce trouble peut cependant être soigné. Il suffit, pour ne pas reproduire les mêmes erreurs, de changer de point de vue ou de lunettes. Logiquement lorsque le marketing subit un échec, il retourne à ses chères études, cherche à comprendre le pourquoi du comment, revoit sa copie et livre une nouvelle version de sa réflexion susceptible de se faire comprendre. C'est du moins ce que le consommateur peut attendre du marketeur. Seulement voilà, le marketeur est aussi parfois un peu conservateur. Partant d'un principe longtemps énoncé qui veut que le consommateur, comme l'électeur, ne sait pas ce qui est bien pour lui, il se cabre, s'entête et lance sur le marché l'offre qu'il pense juste à l'aune de ses connaissances.

Danone ou la capacité de corriger sa myopie

Danone, dont le marketing frise le génie, s'est ainsi longtemps cassé les dents sur le marché des produits à base de soja. Faute d'avoir choisi un axe de différenciation singulier, le roi du yaourt a mis beaucoup de temps pour bousculer les positions de Sojasun, la référence de ce marché. Lors de sa première tentative, en 1991, conscient que le goût du soja n'est justement pas de tous les goûts, il joue, avec la marque Sévéa, la carte d'un produit hybride mêlant lait de soja et lait de vache. Le verdict est sans appel. Sévéa est rejeté par les puristes qui ne jurent que par Sojasun. Les autres restent de marbre devant une proposition qui ne les concerne pas. En 1999, la marque revient sur le marché. Pour masquer le goût du soja, le marketing introduit de l'avoine dans la recette. Reflop. Mais Danone n'entend logiquement pas renoncer. Porté par la vague végétale, le marché des produits à base de soja connaît une véritable explosion pour le grand bonheur de Sojasun. Être absent de cette niche en or, impensable pour un groupe dont la mission est « d'apporter la santé par l'alimentation au plus grand nombre ». Début 2006, rassuré sur les qualités gustatives du produit, sur sa capacité à répondre à la double attente des consommateurs plaisir et santé, Danone repart à la charge[1]. Mais alors que ces premières tentatives cherchaient à imposer (sans mesurer toutes les attentes des clients) son point de vue de laitier au marché, la nouvelle marque, Senja, se convertit aux règles du marché, établies par Sojasun, et assume un positionnement soja 100 % végétal. Une campagne de communication portée par la chanteuse Elsa, figure rassurante du showbiz hexagonal, travaille la proximité. Avec cette offre qui adopte le point de vue des consommateurs, et sa perception d'un produit au soja, Danone fait son acte de contrition et peut enfin espérer convertir une majorité de Français aux bienfaits de l'ingrédient sans provoquer une grimace de dégoût ou une interrogation dubitative sur son positionnement. *A priori*, la marque devrait réussir, là où le concept bancal de Sévéa a échoué. Sévéa était peut-être un produit de rupture, mais il n'apportait rien au consommateur. Qui sans avoir toujours raison n'a pas systématiquement toujours tort.

De fait, si les consommateurs n'ont pas plébiscité Sévéa, pas plus qu'ils n'ont accordé leur confiance au modèle Egg, ce n'est pas parce qu'ils ne l'ont pas compris. Bien au contraire, mais dans le jeu d'arbitrage auquel les consommateurs se livrent en permanence, ils ont estimé que l'avantage offert, le bénéfice perçu, était trop marginal par rapport à la valeur de l'investissement demandé (achat). En revanche, lorsque ING leur promet avec l'épargne Orange d'en donner plus à leur argent, ils trouvent intéressant d'écouter ses arguments…

1. LSA, 6 janvier 2006.

Contre toute attente, la réussite d'ING Direct

Et pourtant la partie semblait bien mal engagée. *Primo*, personne en France ne connaît le nom de cette banque en ligne d'origine néerlandaise. Qui irait confier son bas de laine à une banque sans guichet dont on ne sait rien ? *Deuxio*, selon une étude Ipsos réalisée en mars 2000, 86 % des Français se déclarent assez peu intéressés par des établissements sans guichet et les produits proposés en ligne. Cette année-là, et compte tenu de ces informations, il fallait être inconscient pour tenter l'aventure de la banque directe. ING Direct n'a pourtant pas hésité à le faire et peut aujourd'hui s'en féliciter. En s'engouffrant dans une brèche ouverte par une directive européenne libérant la rémunération de l'épargne, elle allait devenir la première banque directe de l'Hexagone. Pourquoi a-t-elle réussi là où Egg a échoué ? Les axes de différenciation et leur traduction dans le positionnement. Alors qu'Egg et sa carte se proposaient de construire un nouveau modèle, d'être le cybermarché des produits financiers, plus modestement ING Direct se positionne comme une super caisse d'épargne, une banque de complément avec un produit phare : le livret Épargne Orange. Le produit est simple, sans frais, et il est rémunéré au-dessus des livrets bancaires des banques classiques. Typiquement, le produit de bon père de famille dont l'avantage est compréhensible par l'ensemble de la population. Reste à faire en sorte qu'il acquière de la notoriété et soit attribué à ING. Pour susciter l'intérêt et se faire entendre dans le brouhaha médiatique, les premières campagnes de communication de la marque, en rupture avec les codes classiques du secteur, n'hésitent pas à parler d'argent[1]. Avec humour mais au premier degré. Dans un pays de tradition judéo-chrétienne où la discrétion sur les questions d'argent s'impose à tous, « pas

1. www.effie.fr

de ça entre nous », ING Direct en fait la vedette de ses premiers films publicitaires. Quelque temps plus tard, pour enfoncer le clou, l'épargne, cette chose peu valorisante, est promue au rang des produits tendance. « Le freak, c'est chic », inoubliable hit des années disco qui a fait danser une très grande partie de son cœur de cible, devient la signature sonore de ses campagnes de communication. Un choix qui ne relève pas de la provocation mais plus simplement d'une analyse fine de la parole des consommateurs. Les études qualitatives menées par la marque ont mis en évidence le fait que les Français parlent librement d'argent. Un produit d'appel performant, l'Épargne Orange, une image de banque différente et innovante, les bases sont solidement ancrées pour qu'ING Direct devienne dans l'esprit des clients la championne de l'épargne. Une qualité que la banque traduit dans son slogan « ING Direct, créateur d'intérêt », une revendication sans équivoque, simple, concise et surtout très efficace. Les qualités qui traduisent généralement un bon positionnement mais qui à elles seules ne suffisent pas à garantir le succès.

La fin des années 90 marquera à jamais le développement de l'Internet. Inutile de revenir sur la révolution humaine qu'il a créée. Mais l'histoire aurait pu tourner court. En effet, comment se différencier dans ce secteur ? L'accès est le même, la navigation la même, et accéder à son mail est aussi simple. Le coup de génie viendra d'un positionnement simple mais astucieux, qui consiste à passer d'une logique de fournisseur d'accès à Internet, à un fournisseur d'accès et service à Internet. Comme l'a fait Total avec son indélébile « vous ne viendrez plus chez nous par hasard ».

L'arrivée du gratuit en 1999 va mettre les grands acteurs AOL, Club Internet, Wanadoo en transe. Comment résister au gratuit qui déferle et risque de briser les espoirs des grands groupes de télécoms ? Le salut viendra de l'astucieux positionnement marketing de Wanadoo. Dans un jeune secteur où le modèle d'affaire n'est pas encore complètement stabilisé, où la recherche du positionnement idéal et compréhensible par le plus grand nombre n'est pas audible, Wanadoo va définir ce qu'est un fournisseur d'accès à Internet : une marque, un service client, une qualité de service, un portail complet et une gamme de forfaits adaptés à chaque segment de clientèle. En communiquant massivement, astucieusement, Wanadoo va populariser, rajeunir et féminiser le marché de l'Internet. Autant dire gagner le pari du positionnement.

Sans être gravé dans le marbre, le positionnement a vocation à pérenniser la marque dans le temps. Un bon positionnement survit aux évolutions des tendances de consommation et plus globalement à un environnement mouvant et enfin à la fougue des différentes équipes qui auront à gérer son destin. Des équipes jeunes, parfois ambitieuses, dont l'aspiration première est de réussir au plus vite un lancement pour générer de la valeur pour l'entreprise et leurs jeunes carrières, s'accommodent difficilement du temps de la marque. Avec un peu plus de temps – la période de l'apprentissage, de la connaissance –, Egg aurait probablement trouvé sa place dans l'imaginaire des consommateurs. Mais le temps est un luxe, une denrée rare. Les performances d'une entreprise, d'un humain, s'apprécient sur le court terme. *« Il faut donner du temps au temps »* disait Cervantès, père de Don Quichotte, rendu célèbre par le président François Mitterrand. Dans nos sociétés postmodernes où prime l'instantané, une offre doit cracher vite et loin. Les analystes financiers l'exigent, le consommateur aussi et le marketing se met au diapason. Quitte à simplifier jusqu'à l'appauvrissement, à franchir les lignes jaunes, à se disqualifier. L'erreur de positionnement peut atteindre toutes les entreprises. Ainsi le groupe de lingerie haute gamme Simone Pérèle en a fait l'amère expérience, depuis l'échec de la marque Allumette, marque censée cibler le moyen de gamme : *« Notre positionnement n'était pas assez clair. Il y a eu une incohérence entre la marque et la cible. Le nom Allumette évoquait des femmes plutôt jeunes, alors que nous visions le segment 25-40 ans. »*[1] Il aura fallu quatre ans à cette marque glamour pour reconquérir ce segment de marché.

Laisser une empreinte mentale

La violence reprochée aux tons et aux images de certaines campagnes de communication n'est rien d'autre que la conséquence de cette volonté d'agir vite et fort. *A priori*, le traitement créatif de la chasse aux idées reçues d'Egg tout comme le « je la prends, je la fouette » de la crème Babette ou encore les emprunts à l'imagerie biblique ou guerrière de Dolce & Gabbana ou de Marithé et François Girbaud, n'ont pas vocation à choquer, à créer le débat, la publicité n'est pas de l'Art, mais à frapper les esprits vite et bien. Et pour cause. « La part de cerveau disponible » du consommateur, selon la formule désormais célèbre du patron de TF1, est chaque jour sollicitée par de nouvelles offres. Résultat : pour laisser une empreinte mentale dans ces cerveaux, la publicité, dont le rôle est d'exprimer sans détour le positionnement du produit, s'écarte parfois des sentiers vertueux pour s'égarer dans les profondeurs les plus sombres de l'âme humaine. Si 17 % des Français se disent choqués par les images ou les discours publicitaires[2], c'est qu'effectivement il lui arrive de déraper, de dégrader l'image de la femme, d'en faire trop jusqu'à faire mal. Pour autant, les émissions de téléréalité ou les reportages d'information,

1. *Stratégie*, n°1442, 1er février 2007.
2. « Violence et Incivilités dans la publicité », étude Ipsos Public Affairs/BVP, novembre 2005.

jugés violents par respectivement 39 % et 22 % des téléspectateurs, ne provoquent pas de réactions aussi épidermiques. Au final, avant de choquer, le premier reproche fait à la publicité, est qu'elle est monstrueusement envahissante (75 % des opinions) et banale (64 %)[1]. À en croire ces études, la publicité ennuie plus qu'elle ne divertit ou informe sur le produit. Sur le fond comme dans la forme, elle ne provoque rien. Dommage pour une discipline dont la finalité est de frapper les esprits. Douloureux pour les publicitaires, ce constat l'est tout autant pour les marketeurs, tant les deux professions sont liées par une communauté d'intérêts. Avant de pointer du doigt la suffisance des créatifs, reproche souvent très injustifié, l'indifférence suscitée par la publicité n'est-elle pas d'abord la conséquence de la renonciation du marketing à faire entendre ses choix ? La dénégation du positionnement n'est pas une pratique nouvelle. Les marchés croulent ainsi sous le poids de produits dont le seul mérite est d'exister. Manque de moyens, politique opportuniste, culture du produit « nature », nu, les raisons du non-choix sont aussi nombreuses que variées. Industriels, distributeurs, consommateurs semblent y trouver leur compte. Personne ne prend de risque, tout le monde est content. Sauf que renoncer au positionnement constitue un réel danger pour l'entreprise. En faire l'économie, c'est en effet s'en remettre au hasard, se laisser porter par les vagues, reconnaître que toutes les marques se valent, que le mieux est effectivement l'ennemi du bien. C'est au final admettre que les marques ne sont plus des figures d'autorité.

La fonte de leur part de marché, la montée en puissance du low-cost, du no-logo ont révélé à tous la fragilité du modèle d'autorité qu'est la marque. Vouloir nier la défiance des consommateurs à leur égard serait tout

1. Publicité et Société », étude Ipsos Public Affairs/Australie, novembre 2006.

simplement suicidaire. « *La rue ne gouverne pas la France* », formule du Premier ministre de l'époque Jean-Pierre Raffarin, traduit davantage le désespoir de l'institution que sa capacité à restaurer l'autorité. Mature et adulte, le consommateur prend le pas sur le citoyen. Conforté dans ses droits, il exerce effectivement son pouvoir même si ce dernier déstabilise les marchés. Responsable et libre, il assume ses choix, conteste les diktats, fait entendre son point de vue aux marketeurs. Le consommateur n'est pas, n'a jamais été un numéro. Il est un homme libre. Et c'est tant mieux. Au nom du libre arbitre, du pouvoir du consommateur, le marketing doit-il pour autant cesser de faire entendre ses choix et adopter la stratégie du repli ? Refuser le combat du positionnement ne restaure en rien l'autorité de la marque et fragilise le marketing. Le *hard discount* a connu sa plus belle phase d'ascension lorsque les hypermarchés se sont éloignés ou ont oublié leur positionnement initial : le combat pour le juste prix. Le champ politique n'échappe pas à la dérive du non-positionnement. Gauche ou droite, blanc bonnet et bonnet blanc, disent les électeurs. Et les partis de l'extrême s'envolent. À la mollesse du discours des partis classiques répondent des convictions qui trouvent un écho chez l'électeur citoyen. L'immigration, la sécurité, l'ordre. Il aura fallu attendre que Jean-Marie Le Pen en fasse son fonds de commerce pour que la droite et la gauche sortent d'un consensus mou sur ces questions et fassent entendre des différences de position, de point de vue.

La légitimité du marketing, son devoir, réside dans sa capacité à donner au consommateur de bonnes raisons de préférer la marque ou un produit dont il assure la gestion quotidienne. Non pas en le noyant sous une avalanche de nouveautés qui n'ont de nouveautés que le nom, non pas en raccourcissant artificiellement le cycle de vie des produits, non pas en pratiquant un marketing à la petite semaine. Ce n'est pas en répondant aux attentes du ventre mou de la consommation que le marketing retrouvera sa fierté mais bien en assurant les conséquences de ses choix sur la vie du consommateur-citoyen, sur l'entreprise et son environnement.

C'est en redécouvrant les vertus du positionnement que le parti socialiste est sorti de son long sommeil. À l'automne 2006, la campagne pour l'investiture a été pour chacun des candidats un long travail de positionnement où sont apparues les aspérités des uns et des autres. Au-delà du résultat et du triomphe du positionnement femme de la candidate Ségolène Royal, cette campagne aura également eu le mérite de redonner de la consistance au champ du politique. Avant d'être un affrontement d'ego, la politique, dans son sens originel, est la chose de la cité, qu'elle structure et organise. Pour l'avoir oublié, le politique s'est laissé dépasser par l'économie, qui en a préempté le territoire. Sa capacité à faire régner l'ordre du monde a conduit à la « secondarisation » de la politique dans l'opinion. En 1999, à la colère des salariés de Michelin, en lutte contre la délocalisation, Lionel Jospin, alors Premier ministre, avait répondu : *« Il ne faut pas tout attendre de l'État et du gouvernement. »* Ce bel aveu d'impuissance légitimait la suprématie de l'économie, son positionnement sur l'échiquier du pouvoir. Quelques années plus tard, cette maladresse verbale coûtait cher au candidat Jospin, dont le positionnement à gauche n'était plus considéré comme crédible, après l'annonce de son célèbre « *Mon programme n'est pas socialiste* ». Écorné, son positionnement n'était plus lisible par son cœur de cible traditionnel, la gauche socialiste. Erreur stratégiquo-marketing s'il en est !

Des forteresses assiégées

La crédibilité est l'autre condition majeure d'un bon positionnement. À l'époque euphorique où la force de la marque, repère sur le marché, suffisait à imposer une offre au marché, personne, ou presque, ne remettait en question la crédibilité du positionnement. Avec Pampers, les fesses de bébé restaient au sec, Paris rayonnait comme la capitale de la mode, le savon Palmolive à l'huile d'olive lavait en douceur, NRJ était la radio des jeunes et Tropicana offrait le seul jus d'orange au rayon frais. Construit sur l'appartenance à un marché et sur des différences notables vis-à-vis de l'offre concurrente, le positionnement des uns et des autres offrait globalement une lecture facile. Tout a commencé à vaciller lorsque les marques sont entrées dans l'ère financière. Fortes de leur puissance, elles se sont étendues hors de leur territoire d'origine. Si pour certaines, comme L'Oréal ou Sony, la pertinence du positionnement originel est une porte ouverte à d'autres voies d'expression, d'autres risquent, en revanche, d'y laisser des plumes. En devenant une marque transversale – eau, biscuits, yaourts – Taillefine a probablement gagné en chiffre d'affaires, pour autant a-t-elle renforcé sa crédibilité ? Les mieux informés le savent. Aucune eau au monde ne contient de calories. Quant aux biscuits, ils ne font maigrir que si l'on s'en prive. Pour ces femmes, le positionnement Taillefine sur ces deux marchés repose « sur du marketing pur et dur » qui n'a pas convaincu la cible. De là à penser qu'il en est de même pour les produits laitiers, il n'y a qu'un pas. Par chance pour la marque, les doutes n'ont pas touché le noyau dur de la marque. Son marketing a-t-il fait un faux pas en s'aventurant sur le marché de l'eau ? Du point de vue de l'entreprise, la réponse est bien sûr négative. Le positionnement établi de Taillefine, la minceur, devait lui permettre d'en découdre avec Contrex, la référence du marché, et de freiner les ambitions d'une petite nouvelle Courmayeur aux dents bien aiguisées. Plutôt que d'investir des millions d'euros dans la création d'une nouvelle marque, mieux valait capitaliser sur le positionnement d'une marque qui a fait ses preuves. Soit, mais quelles sont les spécificités que l'eau Taillefine peut revendiquer aux yeux du consommateur ? Qu'apporte-t-elle d'unique au marché ? Faute de mauvaise compréhension, elle demeure une eau parmi d'autres sur ce segment de marché, alors que son potentiel de marque est énorme.

Cet exemple est loin d'être unique. La course aux volumes, à la rentabilité immédiate impose parfois aux marques des positionnements à géométrie variable. Constructeur généraliste, Renault peut-il briller sur le segment du haut de gamme et inquiéter Mercedes ou BMW ? *A priori*, son positionnement constitue un sérieux handicap. Pour s'attaquer au prestigieux haut de gamme, Toyota n'a-t-il pas créé de toutes pièces une nouvelle marque, Lexus ? Mais Carlos Ghosn, son patron, l'affirme, épaulée par Nissan, la marque au losange dispose d'un potentiel suffisant pour opérer un virage stratégique. Pourtant, le passé récent, et notamment l'échec de la Vel Satis, la voiture des décideurs patriotiques, illustre ses difficultés à « asseoir ses arrières » entre deux chaises. Bic, artiste célèbre des stylos du même nom, s'est essayé en vain au parfum. Basé sur un prix bas et un produit jetable. Erreur fatale ! La consommatrice n'achète pas un parfum, produit à haute teneur affective et sensuelle, qui véhicule de nombreuses connotations sociales comme un banal stylo. La liste est longue qui marque les échecs de positionnement, où l'on peut rajouter entre autres la Swatchmobile.

Plus encore, certaines marques ont misé sur des positionnements différents. Ainsi la lessive Skip s'est essayée avec succès sur le positionnement du plaisir de la salissure, en affirmant l'apologie de la saleté. Skip a misé sur le rugby, sport qui sollicite grandement le lave-linge après le match. Ou encore la marque Milka qui par un positionnement astucieux est passée d'un produit à part entière dans le domaine du chocolat au « meilleur compagnon du morceau de pain ».

Réussir le grand écart sous-entend un positionnement élastique qui s'accommode difficilement avec un statut de marque ou du moins avec ce que le consommateur attend de la marque. Qu'il l'aime ou qu'il la déteste, peu importe, le consommateur attribue consciemment ou inconsciemment à chaque marque un certain nombre de caractéristiques, de compétences, celles-là mêmes que le marketing cherche à exprimer à travers le positionnement et les différents éléments du mix marketing. En tirant sur ce positionnement, en voulant à tout prix adosser la marque à des valeurs qui ne sont pas originellement les siennes, ou en l'entraînant sur des marchés où ses promesses semblent artificielles, le marketing joue avec le feu. Il sème le doute dans l'esprit du consommateur, qui s'en détourne et qui cherche ailleurs les marques qui comprendront ses difficultés, ses besoins de repères. Et il n'a qu'à se baisser pour trouver son bonheur. Des dizaines de produits, de marques se proposent de l'accompagner dans l'accomplissement de ses désirs et dans la satisfaction de ses besoins. Toutes les marques, même les plus énormes, sont des forteresses à prendre pour qui sait être agile, souple, malin et se positionner en alternative en saisissant l'air du temps.

Prendre le risque de la diversification ?

Si dominer le marché des colas reste la priorité des frères ennemis que sont Pepsi et Coca-Cola, l'un et l'autre savent que le véritable ennemi est ailleurs. Demain, qui abreuvera la planète ? Les colas, les jus de fruits, l'eau ? Pour protéger leurs positions sur le gigantesque marché de la soif, les deux géants se sont lancés dans une diversification de leur production. Déjà bien installé dans les pays émergents où ses marques font un carton, le géant d'Atlanta n'a pas renoncé à conquérir le Vieux Continent. Malgré l'échec de Dasani, la marque qui devait séduire les consommateurs européens et qui n'était rien d'autre qu'une eau minérale de plus sur un marché saturé, l'Europe reste au cœur de ses ambitions. Des ambitions qu'il faut bien financer. Avec les volumes engendrés par le marché des colas. Le marketing du leader et son dauphin se sont donc lancés dans une course effrénée aux lancements. Deux nouveaux Coca-Cola ont ainsi débarqué sur le marché hexagonal entre janvier 2006 et janvier 2007. Le premier, Coca-Cola BLaK, réponse au Cappuccino de son rival, est une boisson à base de coca et d'extraits de café, une bombe caféinée destinée non pas aux adolescents mais aux cadres débordés pour, dixit la marque, leur donner « l'envie et l'énergie de continuer dans la journée », un anti coup de pompe comme l'expresso. Quant au second, Coca-Cola Zero, il ambitionne d'être aux jeunes hommes ce que Coca Light est aux femmes, un breuvage à bulles sans sucre ni calories. Sur un marché émoussé par la croisade anti-sucre des nutritionnistes et un raz-de-marée d'eaux aromatisées qui surfent sur leur positionnement santé, la marque n'a d'autre choix que de multiplier les initiatives au risque de faire tanguer son positionnement original de boisson universelle au goût unique. On pourrait rétorquer que ce positionnement est sauvegardé, toutes ses déclinaisons portent son sceau rouge et blanc. Exact. Sauf que pour asseoir sa légitimité universelle, la marque se fonde désormais sur des affinités partielles. Quid de son goût unique ? Celui de l'original, de sa version vanille, à moins que ce ne soit celui du light ou du citron… En multipliant les déclinaisons, le marketing peut espérer gagner la bataille des volumes, pour autant se donne-t-elle tous les moyens de protéger le territoire universel de la marque ? Pas sûr. Symbole, malgré elle, de l'impérialisme américain, sa puissance engendre des réactions alternatives. De l'internationale Mecca Cola au local Breizh Cola, toutes les marques qui contestent sa suprématie appellent à boire « engagé ». Pas de quoi inquiéter outre mesure le géant d'Atlanta, mais l'interroger peut-être ?

Quand les ficelles du marketing sont trop voyantes...

Coincé entre les exigences de la finance qui demande toujours plus à la marque et un consommateur qui attend un discours de vérité, ou tout du moins une certaine transparence, le marketing ne sait plus à quel saint se vouer. Essayez donc de tracer les contours de votre marché lorsque vous devez affronter une concurrence indirecte aux contours variables. Tentez donc de répondre aux désirs des clients lorsque ces derniers sont noyés sous les offres ou qu'ils aspirent à des valeurs dont votre marque est dénuée. Quelque peu abattu devant l'immensité de la tâche, le grand manipulateur des esprits hésite, bricole et lance la énième version d'un même produit en croisant les doigts pour que la manœuvre ne soit pas trop visible. Raté. Nul besoin d'être grand clerc pour constater que faute d'avoir revisité son ADN, Fiat n'est plus qu'un constructeur automobile parmi d'autres, que Kleenex, pour son malheur, est désormais la marque générique des mouchoirs en papier et qu'enfin le petit-fils du tirailleur sénégalais Banania, bien que privé du fameux « y'a bon » de son grand-père, aura toutes les difficultés du monde à survivre dans un pays hanté par son passé colonial. Quand les ficelles du marketing sont trop voyantes, le consommateur sanctionne sans état d'âme.

La direction de RTL a certainement retenu les leçons de la crise de l'automne 2000. Pour conquérir les jeunes, cible chérie du marché publicitaire, captés par les radios musicales, la station de la rue Bayard s'offre, en cette rentrée des classes, une cure de jouvence. Exit, les animateurs et chroniqueurs historiques qui ont fait les grandes heures de la radio généraliste. Philippe Bouvard, créateur du plus gros succès radiophonique du siècle, « Les Grosses Têtes », est remercié et Christophe Dechavanne le remplace au micro. En quelques semaines, l'émission perd 600 000 auditeurs. Pire, un million de fidèles désertent la station. Fin 2000, l'émission emblématique de RTL, qui pèse tout de même 7 à 8 % de ses recettes publicitaires[1], est rayée de la grille des programmes. Une catastrophe industrielle. Pour sauver une tranche horaire sinistrée, la direction rappelle, en mars 2001, Philippe Bouvard. Le retour de la marque Bouvard, plus forte que la marque RTL (?), redonne le sourire aux taxis parisiens, aux mères au foyer, aux retraités et la station limite les dégâts. La volonté de rajeunissement de la cible (louable en soi) voulue par le marketing de la station lui a tout de même coûté cher. En privilégiant le souhait des annonceurs plutôt que ses premiers clients, à savoir les auditeurs, le marketing de RTL n'a rien fait d'autre que suivre les règles du marché où le marketeur développe des produits, non pas pour satisfaire le consommateur, mais le marché.

Le distributeur est roi

Et lorsqu'il ne s'agit pas de l'actionnaire, c'est le distributeur qu'il faut servir. Le marketing de la grande consommation, le plus visible et le plus critiqué des modèles marketing, doit non seulement satisfaire les attentes de ses actionnaires, il doit passer aussi sous les fourches caudines de la grande distribution. Le vrai client du marketeur engagé dans ce rapport de force n'est plus le consommateur mais le distributeur dont le métier consiste à vendre à ses fournisseurs de l'espace dans ses magasins. Piégé par la distribution, hydre tentaculaire à l'appétit insatiable (mais une vraie réalité du paysage de la consommation quotidienne), il doit en permanence nourrir la bête pour espérer survivre. Pour éviter la porte de sortie, le déréférencement, les marques doivent justifier leur place dans les rayons et viser l'excellence immédiate en termes de rentabilité. Le temps, c'est de

1. *Stratégie*, n°1171, décembre 2000.

l'argent. Au moindre signe de faiblesse, ventes en baisse, recul de la contribution aux bénéfices, elles seront remplacées tant la liste des prétendantes est longue. Pour éviter ce triste sort, le marketing choisit dans sa pharmacopée personnelle le remède le plus efficace pour revitaliser la belle endormie. Si la simple piqûre promotionnelle ne suffit pas et si l'entreprise estime que la malade est stratégique pour son développement, le marketing lui impose une cure de repositionnement. Ainsi en reliftant leur logo, La Vache qui rit ou autre sodas continuent à marquer la trace mémorielle de leur cible, tout en donnant une image moderne, toujours nécessaire pour maintenir le lien entre la marque et la cible.

Malheur aux autres, les non-stratégiques. Euthanasiées, elles rejoignent le cimetière des marques où reposent en paix Chambourcy oh oui, l'Alsacienne, la lessive Wisk, Royco, Simca, Kelton et tant d'autres…

Retour vers le futur

Repositionner une marque s'apparente à une sorte de voyage spatio-temporel. Un retour vers le passé et une projection dans le futur. Pour parvenir à revitaliser la marque, l'inscrire dans le temps présent, encore faut-il retrouver son sens premier. Pourquoi a-t-elle été lancée, quelles étaient ses singularités, comment a-t-elle évolué dans un environnement mouvant ? Bref, se plonger dans son histoire pour y trouver les éléments qui lui permettront d'affronter le futur. Mais encore faut-il que son code génétique soit compatible avec l'environnement ambiant et que l'entreprise accepte de payer le prix de sa renaissance.

La Mini aussi a tout d'une grande

Lorsque BMW rachète le groupe britannique MG Rover en 1994, le constructeur allemand est persuadé qu'il pourra redonner vie à des marques mythiques mais à la dérive. Devant l'étendue du chantier, et des millions investis en pure perte, l'Allemand jette l'éponge et cède les marques rachetées. En 2000, Land Rover rejoint ainsi la galaxie Ford. Au final, seule Mini est conservée dans son portefeuille. Marque culte, adorée par les personnalités aussi diverses qu'Enzo Ferrari ou les Fab Four, la Mini n'est plus produite depuis les années 80. Il n'empêche, son aura est indemne. Pour BMW, la marque fait encore sens, son capital de sympathie n'est pas entamé, et surtout elle lui ouvre un segment de marché sur lequel elle est absente, les petites citadines. En 2001, la marque fait son retour. Plus grande, plus sûre, plus confortable, la nouvelle Mini n'en est pas moins la digne héritière de la voiture créée par Sir Alec Issigonis dans les années 50. Une voiture de poche, classe, originale, urbaine. Pour faire revivre le mythe, BMW, l'Allemand, synonyme de grosses berlines cossues, rend hommage à la créativité britannique et s'efface devant la légende. La Mini n'est pas un modèle de plus dans son catalogue, mais la marque d'une vision de l'automobile chic et joliment décalée. Un positionnement relayé par une communication en marge de la grosse artillerie propre à l'industrie automobile et un plan média de pré-lancement gonflé. Mailings sous forme d'enquête policière distillant habilement les valeurs de la marque comme autant d'indices, annonces presse personnalisées en fonction des supports, site Web, communication événementielle ; pendant près d'un an la Parisienne de cinquante ans comme le jeune technophile ont été travaillés au corps pour venir découvrir le symbole du style néo-rétro. Et ça marche. Depuis son re-lancement, la Mini se vend à travers le monde à quelque 200 000 exemplaires par an.

Que du bonheur pour BMW. Dans le duel qui l'oppose à son éternel concurrent Mercedes, la petite lui fait gagner des points. Pas mal pour une marque cinquantenaire. Mais le succès de la nouvelle Mini reste un cas marginal. Toutes les marques n'ont pas la chance de s'appuyer sur une légende et tous les repreneurs n'ont pas l'intelligence ou les moyens d'un BMW.

Salomon n'a pas su surfer sur la vague des nouvelles glisses

En cédant en 2005 Salomon au Finlandais Amer Sports, Adidas devait admettre qu'il n'avait pas eu la chance de BMW. Malgré des efforts louables, l'équipementier n'est jamais parvenu à redonner du pep's à une des marques emblématiques du marché du ski. Pire, ses contre-performances ont pesé lourd sur les comptes de la marque aux trois bandes. Acquise en 1997, Salomon devait pourtant lui permettre de tracer sa piste dans le cirque blanc. Portée par l'obsession d'innover de son fondateur, Georges Salomon, la marque, au fil de sa longue histoire, avait révolutionné le système des fixations avant de s'attaquer aux chaussures et d'inventer en 1990 le ski monocoque. Pourtant, lorsque Adidas s'en porte acquéreur, sa gloire est déjà derrière elle. Au sommet sur le marché du ski alpin, elle n'a pas vu venir la vague des nouvelles glisses et l'incroyable vent de fraîcheur que ces pratiques allaient faire souffler sur un marché feutré. Délaissant les skis de papa pour les planches et leurs sensations extrêmes, la communauté des jeunes snowboarders introduit sur les pistes des codes et des styles empruntés non plus aux champions mais à la rue. Les Quicksilver, Oxbow et autres O'Neil viennent brûler la politesse aux marques installées. Les valeurs traditionnelles de Salomon, l'olympisme, la compétition, n'ont pas la cote auprès de ces tribus hirsutes. Parallèlement et alors que la pratique du ski se démocratise, Salomon s'accroche au segment haut de gamme. Ses parts de marché fondent comme neige au soleil. Devenue un poids mort pour Adidas, considérée comme non stratégique dans son plan de développement, Salomon est cédée. Elle aurait également pu disparaître si le groupe finlandais qui s'en est porté acquéreur n'avait pas considéré que le mythe Salomon pouvait survivre au temps à condition d'y mettre les moyens.

Le temps est le pire ennemi des marques. Le facteur le plus difficile à maîtriser par les équipes marketing. Les crèmes antirides peuvent masquer les premiers signes de vieillissement, les produits dopants gonfler les résultats, mais qu'une jeunette plus sexy vienne troubler la vision du consommateur et c'est le rayon des antiquités qui guette la plus ancienne. Condamnée à l'éternelle jeunesse, la marque reçoit régulièrement des injections de botox. Et lorsque la situation l'exige, la chirurgie lourde et le scalpel viennent à son secours.

Carrefour récupéré in extremis

Symbole *urbi* et *orbi* de la réussite de la grande distribution française, Carrefour s'est imposé ce traitement de choc pour redresser la barre et mettre fin à des années de dérive. Sous la houlette d'un nouveau président, l'enseigne retrouve depuis deux ans sa raison d'être : le meilleur choix au meilleur prix. Il était temps. Lancé dans une course effrénée à l'internationalisation, poursuivant le rêve d'une enseigne rouge et bleue brillant au firmament du village mondial de la consommation, le groupe avait fait de ses hypermarchés français la vache à lait de son rêve expansionniste. La valse des étiquettes n'est pas passée inaperçue, les consommateurs ont fini par chercher ailleurs ce que l'enseigne leur a pourtant promis pendant trente ans : les prix les plus bas et un choix inégalé de produits. En embuscade, Leclerc mais aussi les chevaliers teutoniques du hard discount Aldi et Lidl leur ont donné ce qu'ils attendaient : des prix bas. Les parts de marché de Carrefour s'érodent. En Bourse, le cours de l'action s'effondre. Les actionnaires s'énervent. En 2005, Daniel Bernard, aux commandes du navire depuis 1992, est prié de quitter la place. Son remplaçant, José-Luis Duran, ex-directeur financier du groupe, reprend les choses en main et affiche très vite une volonté louable : redevenir aux porte-monnaie des Français l'enseigne la moins chère du marché. Après une cure d'amincissement, des plans de réduction des coûts, une traque sévère des faux frais, l'enseigne lance début 2006 une campagne publi-promotionnelle aux ressorts bien huilés « Si vous arrivez à trouver moins cher ailleurs, composez le 32 35 et nous baisserons nos prix dans les 24 heures ». À peu de frais – l'opération aurait engendré 10 000 appels en six mois selon les dires de sa directrice marketing[1] –, la campagne replace l'enseigne sur son terrain originel : le prix bas. Parallèlement, son offre évolue, aucun segment de marché n'est délaissé, l'abondance, le choix sont de retour. Carrefour devient à nouveau une enseigne pour tous. Le traitement permet d'inverser les courbes. En retrouvant ses fondamentaux, le deuxième distributeur mondial, derrière l'américain Wal-Mart, reprend des couleurs sur le territoire qui l'a vu naître en 1963. Son positionnement initial, le prix bas et le choix, repose sur des valeurs qui résistent au temps, aux mutations de l'environnement. Mais toutes les marques ne sont pas nées sur des positionnements qui résistent au temps ou sur une légitimité qui perdure. Pour illustrer cette tendance, un détour vers le cas du quotidien *Libération* est fort instructif en termes marketing…

1. *Capital*, n°183, décembre 2006.

Libération en chute libre

Quelles sont les valeurs que partagent aujourd'hui *Libération* et ses lecteurs fidèles par habitude ou par engagement ? En 1973, lorsque Jean-Paul Sartre, Serge July et quelques autres lancent l'idée d'un organe de presse destiné à donner la parole au peuple, ils agissent en réaction à une presse considérée « comme assermentée au pouvoir et au capital ». *Libération* sera un journal positionné comme celui qui combat la droite et ses valeurs. Pour se démarquer, les pères fondateurs prônent la liberté et l'indépendance. Leur journal vivra sans publicité, ni actionnaire. Pour ses lecteurs comme pour sa rédaction, *Libération* s'inscrit dans une promesse centrée sur le principe d'une presse debout, un autre regard sur l'actualité.

Au début des années 80, les réalités économiques rattrapent le quotidien. Quelques coups de canif sont portés au contrat moral qui lie le titre à ses lecteurs. Le capital s'ouvre à quelques actionnaires triés sur le volet, de gauche bien sûr, et la publicité s'invite dans ses colonnes. Les premiers compagnons de route crient à la trahison de l'esprit fondateur, d'autant que le titre met de l'eau dans son positionnement. Le positionnement s'éloigne de la gauche pour se rapprocher d'une gauche social-démocrate. Rassurés par une rédaction qui maintient le cap de l'indépendance et de la liberté, les Français, qui viennent de porter au pouvoir François Mitterrand, et donc la gauche après vingt-cinq ans d'abstinence, plébiscitent le ton, les innovations éditoriales, l'esprit du *Libération 2*, lancé en 1981. Les ventes décollent. La génération *Libération* est en train de naître. Présent sur tous les fronts médiatiques, son emblématique patron et membre fondateur, Serge July, est en phase avec l'air du temps. *Libération* a survécu à la crise de l'adolescence. L'âge adulte s'annonce serein. Porté par le succès, le titre tente une conquête des régions, s'essaie au supplément hebdomadaire et lance en 1994 *Libération 3*, une version *frenchie* des quotidiens anglo-saxons. La nouvelle formule – ses 80 pages, des cahiers à foison – déroute le lecteur. *Libération* serait-il devenu un quotidien prétentieux ? Ou y aurait-il une erreur de positionnement ? C'est un échec commercial et financier. Une crise de confiance produit s'installe chez les lecteurs qui hésitent entre passion et résignation. *Libé* peut-il encore agir en pleine liberté ? Pour ses journalistes, ce doute n'est qu'un procès d'intention. Serge July, toujours aux commandes, est le garant de l'indépendance, un mur infranchissable contre les ingérences de toutes natures. Reste que *Libération*, à l'image de l'ensemble de la presse écrite, n'échappe pas à la crise de crédibilité qui touche le quatrième pouvoir. Perçu dans son positionnement comme trop sage, trop parisien, trop egocentré, handicapé par un prix de vente élevé, le quotidien s'éloigne de ses lecteurs. Malgré quelques sursauts – le numéro du 22 avril 2002 et sa Une, le visage de Jean-Marie Le Pen barré d'un simple mot NON se vendra à 700 000 exemplaires –, sa diffusion est en chute libre.

L'indépendance, la liberté, les valeurs inscrites en lettres d'or au fronton de la rédaction ne suffisent plus à lui garantir le soutien de son lectorat cœur de cible, un peuple de gauche en proie aux incertitudes. Trop libéral pour les uns, trop libertaire pour les autres, le titre ne parvient ni à fidéliser la génération *Libé*, ni à séduire les plus jeunes. En d'autres termes son positionnement devient de moins en moins lisible. Sourds aux débats idéologiques, en rupture avec les journaux de papa-maman, ces derniers, en dignes représentants de la génération gratuité, lui préfèrent *20 Minutes* ou *Métro*. Pour redresser la barre, rajeunir et élargir sa cible, *Libération* tente une énième opération de séduction et lance *Écrans*, un hebdomadaire consacré aux centres d'intérêt des trentenaires, Internet, la télévision, les jeux vidéo. Peine perdue. Devant l'étendue des pertes, l'actionnaire majoritaire Édouard de Rothschild reprend les rênes du pouvoir. En mai 2006, point d'orgue de la crise, Serge July quitte le quotidien qu'il a façonné et dont il demeure pour beaucoup la figure charismatique. Une page de son histoire est-elle définitivement tournée ? Rien ne permet de l'affirmer. Marque emblématique des années 80, d'un monde curieux et ouvert, libéré des ordres établis, d'une société où le collectif prime sur l'individu, *Libération* donne aujourd'hui l'image d'une institution pleurant sa folle jeunesse. En cherchant depuis des années un positionnement clair et prouvé pour recréer un lien avec le lecteur de gauche décomplexé, le journal est à la recherche d'une cible plus large, et ce pour assurer sa rentabilité nécessaire.

Bien sûr, *Libération* n'est pas l'unique quotidien à vivre des heures difficiles. De New York à Paris, de Hong Kong à Budapest, la presse écrite traverse une crise sans précédent. Au-delà de la défiance vis-à-vis des médias, défiance nourrie par les séries de scandales qui ici et là éclaboussent tous les pouvoirs, le développement d'Internet, porté par celui du haut débit, mine les ressources des médias traditionnels. Le citoyen veut s'informer ? Au siècle dernier, il achetait *Le Figaro*, *Le Monde*, *Le Parisien*, *l'Aurore*, *Nice Matin*, etc. ; il écoutait France Inter, Europe 1 ou RTL ; il regardait La première chaîne TF1. Aujourd'hui, un clic sur son ordinateur lui suffit pour trouver l'info qui l'intéresse au moment où il a choisi. Des informations boursières ? Boursorama ; les dernières tendances de la communication Outre-Atlantique ? Advertising Age ; les avancées des technologies de l'information ? le Journal du Net ; des images volées ? YouTube. Non seulement Internet et le téléphone portable le libèrent des grands rendez-vous institutionnalisés de l'info, mais en plus il peut décider de payer ou non son quotidien du matin ou du soir. La concurrence devient polymorphe. Le cauchemar des patrons de TF1 ne s'appelle ni France Télévisions, ni Canal +, mais Internet et ses YouTube, Dailymotion, Skyblog qui grignotent du temps d'audience au petit écran. Sur la toile l'information est non seulement gratuite, elle va à la vitesse du son. Elle ne vient plus du haut, mais d'un autre soi-même. Sur les blogs, les forums, les sites d'échanges vidéo, chacun s'essaie à être un nouvel Albert Londres ou Robert Capa. Et qu'importe si l'information livrée en un clic n'est ni vérifiée, ni hiérarchisée, l'internaute veut du chaud, de l'immédiat, de l'instantané, du temps réel. Des photos volées aux vidéos tournées caméra numérique au poing, le nouveau *Life* n'est pas en kiosque, il est sur le Net où des millions de plumes anonymes « éditorialisent » l'info petite ou grande.

Le tango du positionnement

Ces évolutions obligent les marques médias, et plus globalement l'ensemble des marques, à subir des mutations parfois douloureuses. Changer de peau pour s'assurer un avenir plus radieux, n'est jamais une opération indolore, surtout lorsque l'on est une marque installée et reconnue.

« L'ami du petit-déjeuner » revisité

Lorsque la situation l'exige, il faut trancher quitte à perturber les consommateurs. Et ceux de Ricoré ont reçu un choc lorsqu'ils ont découvert, en septembre 2006, la nouvelle campagne de communication de la marque. Adieu « L'ami du petit-déjeuner », adieu la gentille famille française. Pour parler des bienfaits du produit, la campagne met en scène Ronchon Grosgnongnon au réveil et les effets sur le personnage d'un bol de Ricoré. Le breuvage avalé, le voilà heureux et de bonne humeur.

Une promesse traduite par la nouvelle signature « devenez du matin ». Ce renouveau publicitaire doit inverser la courbe des ventes de la marque. Si Ricoré fait incontestablement partie du bréviaire des marques de chaque Français, ils sont de moins en moins nombreux à en consommer. Il était temps de se ressaisir, Ricoré c'est tout de même 10 % du chiffre d'affaires du pôle épicerie de Nestlé France[1].

Il fallait donc un traitement de choc pour repositionner la marque comme un référent du petit-déjeuner auprès des plus jeunes. Pour son marketing, comme pour son agence de communication, Publicis Conseil, la conquête de ces derniers exigeait le sacrifice de l'ami Ricoré, incompatible avec le nouveau discours de la marque et sa volonté de rappeler la vérité du produit : du café, de la chicorée, du magnésium. Bref, un produit sain et énergique. Mais il fallait également conserver, pour les fidèles, les valeurs originelles de la marque : la famille, l'ambiance ensoleillée... Un travail de réassurance confié au film publicitaire alors que les affiches, inspirées de l'univers du dessinateur Franquin, jouent le registre d'un humour un peu noir en phase avec les codes des plus jeunes, plus souvent dans la rue que leurs aînés. Sur la base d'une même partition, les créatifs de l'agence ont livré deux interprétations de la nouvelle signature de marque. Des interprétations différentes dans la forme mais totalement cohérentes au regard des objectifs assignés à la campagne : conserver les fidèles tout en attirant de nouveaux consommateurs. Probablement un des exercices les plus difficiles du marketing.

Grand gourou des marques, expert mondialement reconnu, Jean-Noël Kapferer[2] le rappelle à l'envi : la marque est fondamentalement le repère d'une ou

1. *Stratégies*, n°1423, 31 août 2006.
2. Jean-Noël Kapferer, *Les Marques, capitale de l'entreprise*, *op. cit.*

plusieurs qualités. Pour accéder au statut de phare de la consommation, la marque, solidement ancrée sur ses bases, ses fondamentaux, doit faire preuve d'une souplesse et d'une adaptabilité extrêmes pour s'inscrire avec réussite dans l'air du temps. Satisfaire les clients actuels et en séduire en permanence de nouveaux, tel est le défi des marques qui aspirent à éclairer la planète consommateur. Un exercice dans lequel excellent les marques de luxe, à commencer par Dior.

Dior, marque transgénérationnelle

Dans les très chics quartiers des grandes métropoles, les jeunes filles de bonnes familles s'arrachent les accessoires de la marque tandis que les moins fortunés se consolent de copies. À quinze ans, s'afficher avec un sac à main ou une ceinture griffée des quatre lettres magiques, c'est devenir la sœur de cuir de Madonna, Monica Bellucci, Nicole Kidman. Revers de la médaille, c'est aussi porter la marque de sacs à main de maman, voire de grand-mère. À l'âge de la rébellion, qui a envie de ressembler à sa mère ? Dior et son impossible directeur artistique John Galliano ont résolu le dilemme en transformant les gentilles génitrices en libertines de papier glacé. En transgressant les règles du chic, du luxe, la marque a atteint son but : changer totalement le regard des plus jeunes non pas sur la marque mais sur ses portemanteaux. En donnant à voir des mannequins outrageusement maquillées, violentées, offertes, Dior s'est attiré les foudres des ligues de vertu et des féministes en croisade contre le porno-chic mais au final, son image auprès de la cible visée s'en trouve glorifiée. Quant aux mères, après un premier choc, elles ont trouvé un sujet de discussion consensuelle avec les rebelles. À travers ces campagnes, les marques de luxe s'inscrivent dans une nouvelle contemporanéité. Elles assurent l'apprentissage transgénérationnel sans renoncer à leur proposition de base et gardent un positionnement d'une cohérence totale.

Pop ! et le tour est joué

Pour réussir ce pari, les marketeurs chanceux peuvent s'appuyer sur la capacité de l'entreprise à diversifier sa production. Inquiètes de voir le champagne boudé par les moins de trente ans, qui lui préfèrent des sensations plus fortes, les célèbres caves Pommery n'hésitent pas, en 1999, à casser l'image du divin breuvage en lançant Pop. Son nom, sa bouteille, 200 ml couleur bleu nuit, son mode de dégustation, à la paille, affolent les puristes. Qu'importe, ils ne sont pas les destinataires de la nouvelle marque. Pour imposer une autre idée du champagne auprès des night-clubbers, Pommery choisit un circuit de distribution très sélectif. Seuls les endroits les plus « *hype* » de la planète offriront aux assoiffés argentés ces nouvelles bulles. Le lancement réussi, Pop élargit son réseau. La marque est aujourd'hui disponible dans toutes les bonnes enseignes et prend de la bouteille comme ses premiers consommateurs. Huit ans après son apparition, elle se décline en plusieurs formats et une version pink est née. Dans quelques années, à son tour elle rejoindra le rang des classiques du moins pour les trentenaires de demain. Et tout sera à recommencer. À moins qu'elle ne connaisse le sort enviable et envié de Nutella…

Nutella, le secret d'une marque mythique

Génération après génération, La Nutella, son genre est féminin[1], s'est construite comme le référent d'un plaisir dont aucune mère, digne de ce nom, ne souhaiterait priver ses enfants. Depuis plus de quarante ans, les enfants s'en lèchent les babines quand les adultes avouent noyer leur déprime dans son pot. À huit ans

1. Gigi Padovani, Perrine Coulon, *40 ans de plaisir*, Michel Lafon, 2005.

comme à cinquante, Nutella rime avec plaisir et bonheur. Un plaisir que rien ne vient gâcher ; ni les menaces des nutritionnistes, ni les mauvais points distribués par les mouvements anti-OGM ne parviennent à ébranler l'attachement des gourmands à la marque. Quant à la concurrence, elle a déposé les armes. Nutella n'est pas le leader du marché des pâtes à tartiner, elle est Le marché. Succès commercial incontestable, Nutella appartient désormais à la famille très fermée des marques mythiques. Des livres lui sont dédiés et sa recette inimitable, à l'origine de son histoire, inspire les odes les plus diverses. En Italie et ailleurs, ses adorateurs se réunissent pour célébrer ses bienfaits lors de Nutella Parties tandis que les nutellaniaques du monde entier n'en finissent pas de faire ses louanges sur le Web. Remède contre l'inconsolable nostalgie de l'enfance, son goût délicieusement diabolique en fait un objet de régression assumée, de transgression revendiquée. Métaphore du désir aux papilles des adultes, la marque est la complice silencieuse de ces moments d'émotion. En campant sur son positionnement, la meilleure pâte à tartiner qu'une mère puisse offrir à son enfant, en s'interdisant tout clin d'œil trop visible aux dérives des adultes, elle protège son territoire imaginaire, celui de l'enfance, et laisse une empreinte indélébile dans les mémoires. Offrir à nos chères têtes brunes ou blondes une tartine de Nutella n'est pas seulement un acte nourricier, c'est un passage de témoin, un acte d'amour. « Que serait le monde sans Nutella ? » questionnait une de ses publicités. À n'en pas douter un monde sans plaisir. Au cœur de son positionnement, cette promesse de plaisir lui permet de construire son mythe, de s'extraire du temps pour tendre vers l'éternité. Dans cette quête d'immortalité, la marque s'est choisi un allié fortement symbolique : le pain. Une alliance qui la met à l'abri des renversements de tendances et lui donne des armes pour résister à la concurrence des nouveaux goûters. Mieux, son savoir-faire, salué par des millions de mères, lui ouvre les portes de nouveaux segments. Que le goûter nomade se développe et Nutella lance Eat & Drink, un goûter trois en un à glisser dans le cartable ou le sac à dos de nos chérubins.

Une recette inimitable, une réelle capacité à répondre à l'évolution des habitudes de consommation, une relation quasi fusionnelle avec ses consommateurs – auxquels elle dédie son site My Nutella –, au fil des années, la marque s'est mise à l'abri de la banalisation. Un phénomène auquel personne n'échappe. Ni les marques produits, ni les marques humaines. Si pour Marie, la marque de plats cuisinés surgelés, la vie était belle, les attentes évolutives de ces chères femmes pressées et modernes l'ont poussée à une évolution de son positionnement. Fini les plats traditionnels, bienvenue au goûts et ingrédients naturels[1].

Arlette Laguiller fait son marketing politique

Si Arlette Laguiller pensait encore en décembre 2006 qu'une campagne d'affichage, interpellant les citoyens d'un « Arlette Laguiller, qui d'autre peut se dire sincèrement dans le camp des travailleurs » suffirait à donner un souffle nouveau à une sixième campagne électorale, c'est raté à en regarder les résultats de l'élection présidentielle. La petite sœur de la classe ouvrière ne fait toujours pas recette en voix, mais bénéficie d'une vraie lisibilité et d'un positionnement clair, digne des plus grandes marques. Et son entrée de plain-pied dans la communication marque un tournant dans le marketing politique. Son visage rajeuni s'affichant en 4 × 3 sur les murs des villes, l'absence quasi sacrilège du logo de Lutte Ouvrière n'ont pas suffi à rendre désirable un discours cent fois répétés. Longtemps seule femme à oser s'inviter dans l'arène politique, Arlette Laguiller doit aujourd'hui

1. *Marketing Magazine*, mars 2007.

composer avec une concurrence multiple tant sur le front des idées que sur celui du genre.

Banalisation, transparence, Lovemarks...

Lutter contre la banalisation. C'est la mission de la campagne en ligne lancée l'an passé par Obao. Lorsque dans les années 60, Garnier lance Obao, l'une des affaires grand public du groupe L'Oréal, cela introduit une révolution dans la salle de bains. La marque est la première à promouvoir l'image du bain à la japonaise. Depuis, toute sa communication cultive la zen attitude. Le logo, les couleurs, la musique, la gestuelle, l'ensemble des éléments graphiques et visuels est une référence aux rituels japonais. Quelque quarante ans plus tard, le concept s'est généralisé. Au début des années 2000, Sephora ouvrait Sephora Blanc, premier magasin « du bien-être et de l'harmonie intérieure », dixit le dossier de presse, tandis que Daniel Jouvance inaugurait sur les Champs-Élysées son premier espace sur un concept similaire. Quant aux fleurs de lotus et autre poudre de riz, intimement liées à l'imaginaire du pays du soleil levant, toutes les marques en enrichissent désormais leur gamme. Aspiration majeure des consommateurs, la recherche du bien-être de l'intérieur a saisi tous les marchés. Même les adoucissants pour le linge s'en réclament. Avec sa ligne Aroma Therapy, déclinée en version Relax et Energy, Soupline exploite le filon autour d'une promesse : du bien-être pour vos sens. Fin 2006, Garnier décide de reprendre la main et lance un chantier destiné à repositionner Obao sur ses valeurs d'origine. Au-delà des produits, déodorants, bain et douche, c'est tout l'imaginaire de la marque qui est retravaillé. Le siècle nouveau ayant mis à la disposition des marques un nouvel outil, c'est *via* Internet que la marque revisite son concept fondateur. Signé « Votre Beauté a ses rituels », son site est une invitation à la découverte et à la relaxation. Trois vidéos, trois voyages au cœur de la sérénité, offrent une balade zen et poétique aux internautes surbookés. Baptisées Haiku-Obao, ces pauses de douceur dans un monde de brutes ont fait irruption sur Dailymotion, site plus propice à la diffusion de blagues potaches qu'à la contemplation poétique. L'utilisation du média Internet ne doit rien au hasard. Média de la modernité, il offre aux marques un espace de libre expression que ne permettent plus les médias classiques. Obao ne s'y est pas trompée. Elle y gagne en contemporanéité tout en approfondissant sa vision de la beauté, du zen, du bien-être. Vision sans laquelle une marque ne sera jamais une grande marque.

Président de Saatchi & Saatchi (groupe Publicis), l'une des plus grosses agences publicitaires de la planète, Kevin Roberts a qualifié une partie de ses grandes marques de « Lovemarks ». Au terme d'un minutieux travail de recherche, le publicitaire, auteur de deux livres consacrés à la liaison orageuse marque-consommateur[1], estime que devenir une lovemark est l'obsession commune des produits, des hommes politiques et des humains. Ikea, iPod, Google mais aussi Brad Pitt, Nicole Kidman et notre Zinédine Zidane national figurent ainsi au Panthéon de ces marques amour. Mais qu'est-ce qu'une lovemark ? Une marque unie à son client par un lien émotionnel, et non plus rationnel, qui trouve son fondement dans ces sentiments très humains : le respect reconnu de la performance, la confiance et la réputation, l'amour entretenu par la sensualité, l'intimité et une part de mystère. Cette part de mystère que l'obsession de la transparence met en danger et qui serait le meilleur remède à la défiance.

1. Kevin Roberts, *Lovemarks : le nouveau souffle des marques*, Éditions d'Organisation, 2004 et *The Lovemarks effect : Winning in the Consumer Revolution*, PowerHouse Books, 2006.

Certaines marques ont acquis cette noblesse de marque puissante à l'alchimie mille fois expliquée. En effet comment expliquer cette reconnaissance nationale et internationale, si ce n'est par un lien affectif et sensuel (une perception très « lovemark »), entre la marque OM (Olympique de Marseille) et ses supporters malgré des résultats en dents de scie depuis 1993 ? Quelle marque de football peut se permettre de faire stade comble toutes les semaines sur tous les stades de France et de Navarre ? Assurément, la marque OM a un potentiel aussi important que Barcelone ou Arsenal.

Le cinéma, grand observateur de la société en général et de ses poussées de fièvre en particulier, rebondit sur cette aspiration. *Batman begins*, *Hannibal Lester, les origines du mal*, le cinéma retourne aux racines et lève le voile du mystère. Tout montrer, tout expliquer, le marketing s'y emploie également en entraînant le consommateur dans ses arrière-cuisines. Club Internet met en scène son directeur du marketing opposé au créatif de son agence, Liebig tourne sa pub dans la pub et Sun transporte les consommateurs au cœur de son laboratoire de R & D. Si avec ces démonstrations de bonne foi, les consommateurs n'ont toujours pas compris que les marques méritent leur confiance, c'est à désespérer de la génération consumériste. Alors, désespérons-nous en chœur, ces ficelles assez grossières sont insuffisantes pour rétablir le dialogue. Pour avoir le privilège d'être consommée, sans être détruite, la marque survit à la consommation, là où le produit en meurt. Tout bon marketeur doit désormais entrer en résonance avec l'air du temps et les objectifs du consommateur. Il ne s'agit plus de positionner l'offre comme la meilleure d'entre toutes, de montrer ses muscles, de hausser le ton mais d'inscrire son pas dans celui du consommateur-citoyen. Au final, rien ne change, les pratiques restent identiques, mais la posture évolue. Les marques sont désormais à l'écoute. Des difficultés, du quotidien, des doutes, des espoirs. Oubliée la marque impériale, qui le vaut bien, l'heure est à l'humilité, à la compassion, à la re-alliance. Après avoir usé des attributs de l'autorité paternelle, la marque en appelle à de nouvelles figures d'autorité : la mère, la voisine, la copine, les réseaux communautaires...

Depuis trois ans, Dove construit son positionnement sur le concept de l'estime de soi. Un concept traduit dans le slogan « Pour toutes les beautés ». Chez Dove, les belles d'en bas, ces inconnues à la beauté imparfaite, ont chassé les trop belles pour moi. La marque a pour les femmes le regard compatissant d'une mère : quoi qu'il soit son bébé est toujours le plus beau.

Tout cela reste du marketing, des stéréotypes remplacent d'autres stéréotypes. Certes, mais la campagne de communication fait mouche. Sur les blogs, dans les forums, les femmes commentent l'avènement de cette cosmétique égalitaire. Pour la petite histoire, l'agence de communication aux manettes de la campagne s'appelle Ogilvy & Mather, en France sa directrice générale, Natalie Rastoin, est l'une des femmes de l'ombre de Ségolène Royal...

Dans un tout autre domaine, Danone s'est également construit au fil du temps un positionnement qui lui permet d'échapper à la crise de l'autorité. Sous l'impulsion de son président, Franck Riboud, le groupe ancre, au milieu des années 90, son positionnement sur la santé et le bien-être. Un positionnement qui lui permet de s'affranchir de la concurrence frontale des autres ténors de l'industrie agroalimentaire et de coller à un bénéfice réellement attendu par la grande majorité des humains. Danone ne vend plus des biscuits, des produits laitiers, de l'eau, Danone propose de la jeunesse, de l'énergie, de la beauté, la maîtrise du taux de cholestérol et la tranquillité des intestins. En achetant les produits Danone, c'est un médecin, un nutritionniste que le consommateur met dans ses placards et son réfrigérateur. Qui irait aujourd'hui contester leur autorité ? Ce positionnement ne s'est pas construit en un jour. Et sans la légende du lait, rien ne dit qu'il aurait été aussi performant. Seul mammifère au monde à en consommer après le sevrage, l'homme, et le Français en particulier, attribue au lait, l'aliment maternel par excellence, des vertus quasi miraculeuses. Divin nectar dans la mythologie grecque, élixir de beauté de la sublime Cléopâtre, le lait demeure dans notre imaginaire l'aliment idéal. Du premier Danone nature au dernier-né, Essensis, le géant de l'agroalimentaire n'a cessé de revisiter l'imaginaire du lait à manger. Avec ce produit porteur de « promesse beauté, en nourrissant la peau de l'intérieur » Danone a pulvérisé les limites du marketing. Il ne s'agit plus simplement d'un yaourt censé hydrater la peau, presque comme une crème de beauté. Danone invente le positionnement marketing de « dermo-nutrition ». Positionné sur le territoire du bien-être avec sa gamme, Danone investit dorénavant le territoire de la beauté.

Premier parmi tous à avoir saisi l'importance de la nutrition et du bien-être dans nos sociétés occidentales en surcharges pondérales, le groupe multiplie les innovations pour résoudre nos problèmes du quotidien. Bio, aujourd'hui Activia, et son « ce qu'il fait à l'intérieur se voit à l'extérieur » donnait dans les années 80 le signe du départ. Suivait à la fin des années 90 Actimel, le geste santé du matin, puis Danacol et sa lutte contre le cholestérol. Rien d'étonnant lorsque l'on sait que les ventes mondiales d'Actimel ont dépassé le milliard de dollars en 2006. En se donnant une mission générale de service public, la santé, le roi du yaourt impose son positionnement d'entreprise bienfaitrice dont toutes ses marques récoltent les fruits. Malgré des créations publicitaires pâlichonnes, malgré des figures rhétoriques sans surprise, Danone s'achète plus qu'il ne se vend. C'est la force de la marque, selon Georges Lewi, grand gourou du *branding management*[1].

Fidéliser et conquérir

L'objectif de la marque François Bayrou

Se faire acheter plutôt que de se vendre, voilà l'objectif auquel aspire François Bayrou, la marque vraie de la campagne. Ici pas de marketing, ou pas trop, pas de grandes fêtes médiatiques, de show à l'américaine, l'homme n'a rien à vendre si ce n'est ses convictions. François Bayrou n'est ni participatif, ni rupturiste, il est un homme nature dont le packaging fleure bon les origines. Est-il à gauche, est-il à droite ? Non, il est au centre, lieu sans frontières, mal défini, mais auquel ses adversaires ne cessent de se référer lorsqu'ils appellent à sortir de la logique partisane, de la dichotomie droite-gauche. Sans avoir l'air d'y toucher, sous ses airs bonhommes, François Bayrou rassure là où les deux favoris des sondages se livrent une bataille d'image. Tandis que le président de l'UDF se positionne comme une alternative possible à Ségolène Royal et à Nicolas Sarkozy.

La marque Le Pen édulcore son « produit »

Jean-Marie Le Pen retrouve toute sa verve et a du mal à se défaire de ce visage qui fait peur. Et pourtant le deuxième homme des présidentielles de 2002 et son entourage auront tout fait pour adoucir son image. Quitte à prendre à rebrousse-poil les premiers fidèles, le patron du Front s'est lancé lors de la période préélectorale de 2007 dans une opération de séduction tous azimuts. Sans rien changer à son contrat de base, le discours de Valmy, en novembre 2006, s'ouvre une période promotionnelle destinée à faire naître de nouvelles sympathies. Et à

1. Georges Lewi, *La Marque*, Vuibert, 2006.

restaurer une image de marque malmenée par les médias. En choisissant un lieu symbolique, la Convention y proclame la République en 1792, pour fixer les nouvelles orientations du parti, Marine Le Pen ne s'en cache pas : elle veut dédiaboliser l'image de son père[1]. Dans ce long discours aux accents républicains, plus question de stigmatiser officiellement l'immigré. Contre les démons du communautarisme, le vieux chef fait référence aux valeurs universalistes de la République, de la France assimilatrice, respectueuse de la liberté. Après avoir dragué sur les anciennes terres du Parti communiste en appelant les humbles, les sans-grades, les exclus à rallier le Front national au lendemain du 21 avril 2002, Jean-Marie Le Pen tente, à l' automne 2006, un repositionnement autour des thèmes chers à la gauche républicaine, et notamment à Jean-Pierre Chevènement. Cette avancée lui apporte un soutien pour le moins inattendu, celui de l'humoriste Dieudonné. Un peu plus tard, la campagne d'affichage du parti sera une nouvelle preuve de cette défense de l'assimilation. Devant l'échec des partis traditionnels sur cette question au cœur du débat de société, une jeune et jolie beurette (métisse) invite à choisir l'alternative frontiste. Au-delà de cette présence, la campagne d'affichage dans son ensemble porte les signes du repositionnement du parti. Pour la première fois de son histoire électorale, l'image de son champion charismatique n'est plus au cœur du dispositif de la pré-campagne. Le nom même du parti s'efface au profit d'un logo retravaillé qui souligne son identité. Quant au produit lui-même, les idées, il s'édulcore pour être plus en phase avec la société. Marine Le Pen monte ainsi au créneau pour annoncer qu'il n'est plus question d'abroger purement et simplement la loi Veil sur l'avortement. Si son père est élu, Marine l'affirme, le parti demandera aux Français de se prononcer sur la question par la

1. *Libération*, 20 septembre 2006.

voix du référendum. Ce faisant, le parti se démarque de l'aile traditionaliste de l'extrême droite, un terrain largement labouré par Philippe de Villiers et son Mouvement pour la France. Et tend une main aux femmes, la frange de l'électorat traditionnellement la plus réfractaire aux idées du Front. Pour faire mieux que le 21 avril 2002, et alors que ses thèmes de campagne, l'insécurité, l'immigration, ne sont plus des sujets tabous, Jean-Marie Le Pen doit élargir sa base, recruter au-delà des fidèles acquis à sa cause.

Si la marque Le Pen, légitimée par les résultats du 21 avril 2002, fait moins peur, il faut encore la rendre désirable à l'électeur « moyen ». En expert de l'air du temps, le vétéran de la présidentielle, soixante-dix-neuf ans lors des dernières élections, s'évertue pendant cette campagne à capitaliser sur les acquis tout en rassurant les indécis. Peu ou pas d'écarts de langage, des interventions mesurées, Jean-Marie Le Pen joue du charme plus que de la menace. Plus question de taper sur les doigts des mauvais élèves, le Père fouettard ce n'est pas lui. Malgré les années de présence sur la scène politique, il pense personnaliser l'alternative la plus crédible aux deux nouveaux impétrants, le président de l'UMP et la socialiste Ségolène Royal. L'un et l'autre restent aux yeux de certains électeurs les héritiers des partis du pouvoir. Deux partis qui, pour bon nombre d'électeurs, ne sont pas parvenus, malgré les promesses, à remettre la France sur les rails. Alors que les candidats Royal et Sarkozy sont condamnés à apporter les preuves de la valeur ajoutée de leurs marques respectives, après un demi-siècle de batailles électorales, Jean-Marie Le Pen peut se contenter d'un ripolinage de façade. Sur tous les sujets anxiogènes, la marque par son antériorité, fait autorité. Il ne reste qu'à modifier le packaging pour tenter de provoquer un premier achat massif. En fins stratèges, l'homme et son équipe ont mesuré les risques de ce repositionnement.

Si les militants de la première heure et les caciques du parti ont pu nourrir un sentiment d'incompréhension face aux nouvelles orientations, la très médiatique réconciliation avec Bruno Mégret rassure la branche la plus droitière de son parti. Elle permet, comme un *co-branding*, de cibler un large échantillon du marché de l'extrême droite. Et conforte la marque sur son territoire historique. Plus que ses concurrentes de la sphère politique, la marque Le Pen est probablement la mieux marketée du marché. Son plan média est aussi abouti que celui de la Mini. À chaque cible, son message, son média. Pour toucher les plus jeunes, le Front n'hésite pas à investir le site de Second Life, ce monde virtuel où la gentille mère de famille se transforme en strip-teaseuse et le brave collègue de bureau en serial voyeur. Il suffit de s'y créer un avatar et en route pour le grand frisson ! Les marques commerciales s'y pressent pour accompagner les nouvelles expériences des consommateurs, le Front y ouvre une permanence pour évangéliser les foules. Quant au père et à la fille, sous-représentés dans les grands médias, ils sont omniprésents sur la toile, Far West de la bataille électorale et commerciale. Avec une bonne stratégie de communication, la marque souhaite élargir sa cible, mais encore faut-il que son ADN soit compatible avec les attentes des différentes composantes de cette cible. Le repositionnement est toujours une affaire délicate, il ne suffit pas de changer d'axe de communication pour convaincre, d'en promettre plus pour donner un nouveau sens à la marque, et se faire apprécier.

8

Vision et mission

Avant d'être une image, un logo, une campagne de communication, une marque est le fruit d'une création destinée à donner à l'offre une identité propre, une identité qui la distingue des autres. Cette identité, c'est l'ADN de la marque, il exprime ses valeurs. Pour sortir des bois, en 1980, la marque Le Pen s'est appuyée sur les valeurs tout droit issues du marketing de la peur, rejet de l'autre, repli sur soi, complot. Comme toute innovation, la marque Le Pen a usé d'une bonne dose de pédagogie pour que ses valeurs soient entendues et comprises par sa cible. Si à l'évidence, Apple n'a pas eu besoin de longs discours pour imposer son iPod, seul un sens pédagogique aigu a permis aux commerciaux de Ricoh de vendre leur premier télécopieur. Créer de toutes pièces un imaginaire s'opposant à d'autres imaginaires suppose l'emploi d'arguments forts. En faisant des étrangers et du microcosme journalistico-politique, la cible prioritaire de ses coups de gueule et de ses charges populistes, la marque Le Pen s'est attirée les sympathies d'une partie de l'électorat. Un électorat que la mission de la marque ne pouvait que convaincre. Sans aucun doute, elle fait partie de ces marques qui n'ont pas oublié qu'elles sont au service du consommateur-citoyen. Avant de servir la Bourse, la veuve de Miami et son fonds de pension ou l'entreprise, la marque est en effet supposée être un facilitateur du quotidien.

Si les Lidl, Aldi et autres Ed pèsent aujourd'hui quelque 14 % des achats alimentaires des Français, c'est non seulement parce qu'ils offrent des prix bas mais aussi parce qu'ils résolvent l'éternel dilemme du choix. Lorsque l'on fait ses courses au pas de course, ces magasins aux allures d'entrepôts du temps des Soviets offrent le meilleur des bénéfices, le gain de temps. Répétés, assénés à longueur de discours, ces arguments ont fini par laisser des traces, ils ont créé la boîte mentale de la marque dont le positionnement est le fil rouge. Ni les mains tendues, ni le ripolinage ne changent fondamentalement l'identité d'une marque, son ADN survit à toutes les tentatives de camouflage. Le produit, les idées de l'entreprise – marque Le Pen ou Front national – ont effectivement le vent en poupe mais la marque, elle, continue à faire peur à plus de 80 % du marché de l'électorat votant. La marque Ségolène Royal a eu du mal à se positionner. Positionnée loin du Parti socialiste au début de sa conquête du marché de l'électorat de gauche, elle a créé autour de son image une dynamique forte.

Une finalité : la satisfaction

Limitées dans leurs volontés d'expansion par leur ADN, certaines marques ne parviennent pas à capitaliser sur les nouveaux désirs d'envie des électeurs ou de leurs clients. Ce désir d'envie que les marques commerciales sont condamnées à faire renaître pour réveiller l'appétit des consommateurs. Une consommation en berne et c'est l'économie dans son ensemble qui trinque. Les ministres qui se succèdent aux Finances ne cessent de le répéter. Mais les Européens et les Français en particulier ont le sentiment que l'Euro les a ruinés. Contraints d'effectuer de perpétuels arbitrages entre envies et moyens, ils jettent le bébé avec l'eau du bain. Et criant haro sur la société de consommation, devenue société de désolation, est-ce le machiavélisme du marketing qu'ils dénoncent ou la vanité des marques qu'ils punissent ? Cette marque réclamée avec force par leurs chères têtes blondes lors des grandes kermesses commerciales, la rentrée scolaire, Noël, la coupe du Monde de Foot, Roland Garros... La marque signe de reconnaissance, l'appartenance et donc *a contrario* l'exclusion.

Nike aux pieds, je dépasse la douleur, j'entre dans l'émotion. Chaussé de tennis Veja, je participe au grand mouvement du commerce équitable et je rétablis la primauté de l'homme sur le business. Avec mes pompes No Logo, je fais quoi ? Je marche, les pieds au sec. Fille du marketing, mais *« fille indigne »*, précise Georges Lewi[1], la marque entretient avec son géniteur des relations tumultueuses. Alors qu'elle inscrit sa rentabilité sur le long terme, le marketing, toujours pressé, lui impose des contorsions délicates pour justifier sa primauté dans l'entreprise. Devant cette instrumentalisation, les experts s'écharpent régulièrement sur la question de la gestion de la marque. Elle devient progressivement la chose de toute l'entreprise.

Au début des années 50, le marketing, mercatique en bon français n'avait pas vocation à gérer, à positionner, à chercher un territoire pour la marque. Son champ d'action ne se limitait qu'au marché. Nous étions dans une économie et un marché marqués par l'offre. Qu'il explore, renifle, hume pour y détecter des réserves de croissance, le marketing commençait a être présent. Dans les pays anglo-saxons, la gestion de la marque s'appelle d'ailleurs *branding*. Et dans les filiales françaises des fleurons de l'économie américaine, la dénomination chef de marché s'est éclipsée devant le *brand manager*, terminologie

1. *Marketing Magazine*, n°82, décembre 2003.

plus en phase avec le statut de la marque. Dans les faits, le job reste le même. Diligenter de longues et parfois coûteuses mais nécessaires études de marché et de consommateurs, pour déceler les opportunités de business pour l'entreprise. Vérifier dans le portefeuille de marques que l'un ou l'autre pourra supporter ce nouvel engagement et mettre en œuvre les stratégies commerciales et publicitaires qui accompagnent tout lancement. Or avant d'être la garantie d'une plus-value, la marque est d'abord la traduction d'une mission et d'une vision de l'entreprise et donc de ses dirigeants. Aujourd'hui comme hier, la mission de l'entreprise ne se limite pas exclusivement à développer son activité pour ses seuls intérêts. Valeur phare du CAC 40, PME lilloise, services publics ou individu lambda, pour les uns comme pour les autres, accomplir une mission c'est exercer son métier dans le respect de valeurs fondamentales afin d'apporter une contribution à l'ensemble de la société. Quant à la vision, reliée à la mission, elle traduit une représentation future du monde et exprime la manière dont l'entreprise contribue à construire cet avenir.

Avant d'accéder à la tête du directoire du groupe Galeries Lafayette, Philippe Houzé a longtemps présidé au destin de Monoprix, une des étoiles de la galaxie qu'il dirige aujourd'hui. À l'aube du XXIe siècle, l'homme publiait un livre plaidoyer[1] pour le commerce de centre-ville, quelques mois plus tard Monoprix arborait un nouveau slogan publicitaire « Monoprix, dans la vie, il y a vie ». En interpellant les consommateurs d'une question « On fait quoi pour vous aujourd'hui ? », l'enseigne perpétue cette mission « améliorer le quotidien de ses clients en inventant, sélectionnant et distribuant des produits et des services pour la vie de tous les jours ». Portée et défendue par Philippe Houzé, cette vision du commerce de proxi-

1. Philippe Houzé, *La Vie s'invente en ville. Quel commerce pour les villes ?* Economica, 1998.

mité a fait souffler un vent nouveau sur les magasins populaires. Condamnés ou presque dans les années 80, ils sont à l'avant-garde des grandes tendances de consommation qui traversent la société. Le bio, le développement durable, le commerce équitable, de toutes les marques-enseignes, Monoprix, ou Monop, est la première à avoir ouvert ses rayons aux marques et produits prônant le mieux consommer. Là encore, les convictions de Philippe Houzé ne sont pas étrangères à cet engagement. Avant les autres, l'homme et ses équipes ont détecté les nouvelles envies d'éthique des consommateurs. Valeurs montantes d'un siècle naissant en proie à une profonde crise de foi ou de déclin. Déclin perçu des institutions, déclin des marques mais certainement pas de l'image que nos concitoyens ont d'eux-mêmes. La société va peut-être mal, mais individuellement les Français ne se vivent pas comme « le vieux peuple d'un Vieux Continent ». Confrontés à des menaces qui les dépassent, réchauffement de la planète, délocalisations massives, crises alimentaires, ils se bricolent un quotidien où il fait bon vivre. Et gare aux marques qui ne s'inscrivent pas dans la continuité de leurs attentes. Dans la vraie vie ou sur le Net, des comités de surveillance et des groupes de pression se mettent en place. Aux États-Unis où le lobbying est une seconde nature, la pratique est non seulement courante, elle est revendiquée. En France après des années de silence, la voix des consommateurs se fait entendre. Chaque lancement majeur d'un produit destiné à améliorer le quotidien est l'objet d'un débat où représentants des consommateurs, scientifiques, sociologues, psychologues et autres « ologues » viennent disserter sur le bien-fondé de l'initiative. Ainsi, après avoir donné le tempo à la consommation, le marketing et la marque sont invités par les consommateurs à plus de modestie et de sincérité. Sans la promesse d'une expérience en phase avec les attentes transversales de la société, la colossale campagne de communication destinée à soutenir une nouvelle offre, révolutionnaire, innovante et impactante, n'obtiendra rien si ce n'est d'irriter encore plus un consommateur chatouilleux. L'ambition de l'entreprise étant la réussite, on peut parier qu'après une courte période d'adaptation, le marketing adoptera une posture encore plus éthique. Le marketing n'est pas à lui seul responsable du réchauffement de la planète, pas plus qu'il ne l'est de l'appauvrissement des mers. En revanche, en tant que gestionnaire de l'échange, il ne peut et ne doit pas ignorer les conséquences de ses choix.

Le marketing est partout, c'est vrai. Tout est marketing, c'est aussi vrai. L'individu dans son quotidien, dans son lieu de travail, dans la rue, n'échappe pas au bienfait du positionnement et de la promesse. L'individu, comme le politique, devient progressivement porteur de sa propre marque. Plus encore sur le marché de l'électorat où tous les ingrédients du marketing on été utilisés en 2007, ce qui fait dire à Régis Debray : *« Dépeçage du marché en lobbies, communautés et minorités. Le vote comme transaction entre un vendeur et un consommateur. Marketing et clientélisme sonnent l'arrivée d'une transatlantique élective. »*[1]

Tout est marketing, raison de plus pour accepter de jouer le jeu du marketing et en endosser sa part de responsabilité, avec éthique et dans l'intérêt collectif.

1. *Le Monde*, 23 février 2007, page débat signée Régis Debray.

Conclusion

La campagne présidentielle ou le triomphe du marketing

Quel est son positionnement, quelles sont ses promesses ? Durant des mois, les journalistes politiques n'ont cessé d'employer ces expressions habituellement réservées au domaine du marketing, confirmant ainsi la « marketisation » des esprits. Rien d'étonnant. Après être passé maître dans l'art de la communication, le petit monde de la politique a franchi une nouvelle étape : le voilà désormais expert en marketing. Marketing études, marketing stratégique, marketing opérationnel, chaque étape du processus marketing a été respectée. Il ne manque absolument rien. Le marché a été analysé sous toutes les coutures, les actions et leurs résultats testés, mesurés. Le cœur de cible identifié, chacun a opté pour un positionnement, élaboré une stratégie de marque, conçu son produit, son programme, défini une stratégie de communication et de promotion, mis en place une politique de relations clients. Et les électeurs ont suivi. Ils ont majoritairement acheté l'offre politique. Près de 36 millions de votants, et d'après le baromètre Zenith Optimédia, en audience cumulée, les émissions et autres débats politiques ont réuni quelque 133 millions de téléspectateurs de 15 ans et plus, entre le 1er janvier et le 11 mars 2007. Du jamais vu. Lors de la campagne 2002, ces mêmes programmes n'avaient réuni que 64 millions de téléspectateurs. Il faut reconnaître que les médias dans leur ensemble ont bien fait chauffer la salle, n'hésitant pas à vendre parfois la campagne et les candidats comme on vend un contrat d'assurance ou un people.

Devant l'intérêt des Français pour la chose politique, radios, journaux et télévision se sont lancés dans une surenchère promotionnelle. RMC intitule son émission politique matinale Entretien d'embauche, le mensuel Newzy dans son numéro de mars soumet le CV des prétendants à des chasseurs de tête. Pour désigner le meilleur d'entre eux, L'Express invite ses lecteurs à tester les candidats « sur leur capacité à se faire aimer pour Nicolas Sarkozy, à être crédible pour Ségolène Royal » alors que Capital les soumet à un banc d'essai, à la manière d'une automobile ou d'une compagnie aérienne. Chacun d'entre eux est passé au crible du test produit. Pour faire le point sur leurs déplacements, le Grand Journal de Canal + initie une nouvelle rubrique, le « Point Route » des candidats. Quant à l'hebdomadaire Le Point, il crée sur son site Internet un baromètre « permettant de mesurer à chaud l'impact des événements de la campagne ». À l'heure des premiers bilans de campagne, LCI et Le Figaro, sur les bases d'un sondage réalisé par l'institut OpinionWay, attribuent le prix de la meilleure campagne à François Bayrou, celui du meilleur clip à Nicolas Sarkozy et celui de la meilleure affiche à Dominique Voynet.

La couverture de la campagne aura largement participé à construire ou renforcer la notoriété des candidats, a réenchanter la consommation du politique. Mais tous les marketeurs le savent, construire la notoriété de la marque est une étape nécessaire mais une étape seulement. Une campagne marketing réussie est une campagne qui débouche sur un acte d'achat. Il ne suffit pas de vendre, il faut surtout être acheté. La nuance a toute son importance. En marketing produit comme en politique, les promesses ne suffisent plus pour être l'élu. Le temps où l'homme politique, comme le baril de lessive, se vendait sur un bon slogan, un joli visuel et quelques cadeaux, est révolu. Il en faut plus désormais, beaucoup plus pour empocher la mise. Il faut être une marque multiservice. Proposer un nouveau modèle de consommation de la vie. Être dans l'interaction et ne jamais oublier que nous sommes dans l'ère de 2.0. Une ère qui conduit le prestigieux Times Magazine à désigner comme homme de l'année 2006 : « You ». Vous, moi, le boulanger, le voisin. Bref, l'opinion. Des premiers jours de la campagne jusqu'à son aboutissement, au soir du 6 mai, les quatre principaux candidats n'auront cessé de se positionner au plus près de l'opinion. Pour répondre aux attentes, et réagissant à la sacro-sainte loi de la satisfaction client, chère à tous les dirigeants, ils se sont livrés à raison à un véritable zapping de promesse en fonction de la cible.

Après le B to C, « business to consumer », voici venu le temps de C to P, « consumer to politic ». Alors que la tradition voulait que les candidats proposent aux électeurs d'adhérer à leurs choix de société, à leur vision, à l'image des nouveaux modes de consommation, ce sont désormais ces citoyens qui guident les engagements et les prises de parole des candidats. Nicolas Hulot, porté par des sondages favorables menace de venir jouer les trublions, aussitôt voilà l'écologie promue grande cause électorale. Un sondage révèle que la lutte pour le pouvoir d'achat doit être la priorité du futur patron de l'entreprise France, et tous les candidats donnent leurs solutions . Un grand quotidien national fait sa une sur le scandale des frais bancaires, le soir même le sujet est au cœur des meetings. Insécurité, identité nationale, pouvoir d'achat, chômage, éducation, écologie... Tour à tour, toutes ces thématiques ont occupé le cœur de la campagne, preuve parmi d'autres de la montée en puissance de l'opinion. Cette « masse » versatile, qui excuse le coup de boule de

Zidane, mais réclame le retour de l'autorité à l'école, s'est imposée comme incontournable. Contraignant les candidats à adopter la bonne attitude, le bon discours, les bons arguments, à apporter la bonne solution au débat, elle a conduit à quelques grands écarts spectaculaires. Le candidat de l'UMP cite Blum et Jaurès, les pères du socialisme français, tandis que l'égérie du parti socialiste s'empare du drapeau tricolore et entonne l'hymne national plutôt que l'Internationale. Certaines promesses ont parfois été faites au vu des sondages et autres études, miroir des attentes profondes des électeurs. Les sondeurs, Ipsos, la Sofres, BVA, CSA et LH2, ne font toujours pas les présidents, mais en révélant, au jour le jour, l'état de l'opinion, ils ont obligé chacun des candidats à se positionner. Opinion contre opinion et pas question de botter en touche.

Pour convaincre les quelques 44 millions de consommateurs de leur apporter leur voix, les 12 candidats en lice ont jusqu'au dernier instant usé des mécanismes du marketing produit. La loi met des conditions à la publicité comparative mais, pour convaincre les 30 % d'électeurs qui font leur choix dans l'isoloir, tous les argumentaires ont été utilisés. Tandis que le vieux flibustier, Jean-Marie Le Pen, sûr de son positionnement sur sa cible naturelle, jouait son rôle tantôt de victime du système, tantôt d'épouvantail, les trois nouveaux prétendants ont cherché à rendre leur offre attractive, crédible et singulière.

Après avoir défini une promesse claire, la restauration de l'autorité pour Nicolas Sarkozy, la démocratie participative pour Ségolène Royal, la fin du bipartisme pour François Bayrou, les trois nouveaux prétendants au trône n'ont eu de cesse de faire coller ce positionnement initial aux attentes des électeurs. L'électorat est un marché de masse, pas question donc de s'aventurer sur des segments de niche ; les exclus du système n'ont eu droit qu'à quelques miettes de promesses. Pas assez lourds en termes quantitatifs ou qualitatifs pour peser dans la balance. Pas question non plus de décourager le chaland en abordant des thèmes trop ardus. Peu ou pas d'interventions sur la politique étrangère de la France, le sujet n'intéresse qu'une minorité d'électeurs, pas de grands débats sur la culture, thème trop segmentant, quelques déclarations d'intention sur la pauvreté, mais point trop n'en faut, le sujet est miné.

Comme McDo face aux problèmes d'obésité ou Véolia face aux défis de l'environnement, les candidats surfent sur l'air du temps et les nouvelles attentes du consommateur. Comme un patron d'entreprise, les yeux rivés sur les baromètres, études et autres sondages, ils portent le débat là où l'opinion l'exige et les attendent. Rien d'étonnant, logique même un positionnement pertinent et attractif doit correspondre aux attentes des clients potentiels. Les Français souhaitent savoir où si situent Ségolène, Nicolas et François sur les 35 heures, l'autorité, la sécurité, l'école. Les trois répondent. Quitte parfois à être si proches que leur singularité finit par s'estomper. Cette volonté d'être en phase avec l'opinion a déplacé les frontières naturelles de la confrontation politique. Et il aura fallu attendre les dernières semaines de la campagne pour voir réapparaître de vraies fractures idéologiques entre les uns et les autres.

Pour être efficace, un positionnement doit également être crédible. Tous trois primo-prétendants, les candidats se sont appuyés sur la légitimité de leur parti d'origine pour asseoir leur position. Mais ils ne se sont pas arrêtés là, forts de l'approbation de leurs pairs, ils ont fait valoir leur savoir-faire, leur expérience. Sur le thème de l'insécurité et de l'immigration, les résultats du candidat Sarkozy au ministère de l'Intérieur ont été ses meilleurs arguments de vente. Quant à Ségolène Royal, elle n'a jamais raté l'occasion de rappeler que la présidence de la région Poitou-

Charentes avait été un laboratoire de la démocratie participative. Le centre étant par nature ni de gauche, ni de droite, François Bayrou n'a eu aucune difficulté à crédibiliser sa position. Reste la singularité. L'ultime condition d'un bon positionnement. En la matière, chacun des trois candidats opte pour un modèle original. La candidate Royal en investissant un créneau totalement vierge : elle est une femme, porteuse de désirs d'avenir. Nicolas Sarkozy a misé sur le retour à l'ordre, le travail, la famille, et la fierté. Pour se différencier de Jean-Marie Le Pen, qui a avait à sa manière déjà préempté le territoire, il a mis en avant sa personnalité, son expérience, son image, et sa singularité. François Bayrou, lui, a misé sur la réunion des talents sans exclusion. Sorte de Wikipédia de la sphère politique, il a inventé, à l'image de cette encyclopédie en ligne rédigée et enrichie au fil des jours par une communauté d'internautes experts, un nouveau modèle démocratique. Et comme si tout cela ne suffisait pas, chacun y est allé de son livre profession de foi. Produit dérivé de la marque, « Ensemble » le livre de Nicolas Sarkozy, « Maintenant » celui de Ségolène Royal ou « Projet d'espoir » de François Bayrou ne se contentent pas de reprendre les programmes des candidats, ils sont le concentré de leur vision.

En matière de positionnement voulu, nos candidats ont réussi leur examen de passage, du moins auprès de leur cœur de marché. Les pré-tests et les sondages électoraux l'attestent. Restait à séduire les indécis, et ils n'ont jamais été aussi nombreux, à créer la préférence de marque. La marque, nous l'avons écrit tout au long de ce livre, est un repère, un contrat, une assurance. Elle différencie les produits tout en créant de la valeur pour le consommateur et l'entreprise. Le consommateur, même le plus blasé, n'aime pas simplement un produit, il aime une marque qui répond à ses envies multiples et parfois contradictoires. Contraint en permanence d'arbitrer entre ses désirs, il porte son choix final vers la marque la plus rassurante mais également celle qui va lui procurer le plus de réponses à ces attentes. C'est ce que le consommateur-électeur a fait en mai 2007.

Pour la première fois de l'histoire, la bataille électorale n'aura pas été exclusivement une bataille d'offre, de programme. Les consommateurs-électeurs ayant déserté les grandes adhésions idéologiques, les candidats ont très vite compris que pour s'imposer ils devaient se positionner non plus en fonction des repères classiques que sont la droite ou la gauche, mais bien en fonction des mouvements et des nouvelles attentes de la société. Le terrain des études aura donc été primordial. Face à la crise des valeurs, face aux doutes, aux suspicions, la proximité avec l'électeur prend toute sa dimension. Désireux d'être accompagnés, pris en charge, les Français ont cherché une nouvelle figure d'autorité. Cette donne a modifié les critères de choix. Le vote idéologique ne concerne plus qu'une minorité d'électeurs, la plupart ont opté pour le vote « affectif » de marque. Dans une société devenue anxiogène, où l'incertitude pèse, il fallait un visionnaire, un chef de l'État rassurant, rassembleur, et protecteur. Peu importe que la marque soit leader, challenger ou outsider, les consommateurs attendent une marque courageuse, sûre de ses convictions même si ces dernières les choquent, les irritent.

Pour vaincre, le chef de l'État aura donc fait valoir plusieurs atouts :

- Un véritable charisme, générateur de confiance et d'adhésion ;
- Une vision, pour appréhender dans un monde anxiogène les changements de demain ;
- Du courage : pour prendre en charge les décisions qui s'imposent, quitte à bousculer les tabous.

IV

Annexes

Annexe 1

Ce qu'il faut retenir pour un lancement de produit (hommes, femmes, politique, film...)

Fonction marketing à définir	Les fondamentaux pour réussir une campagne marketing produit ou politique
Bénéfice client	Le bénéfice client est ce qui lui reste de la prestation de son fournisseur pour couvrir ses besoins. À cet égard, les attentes des clients sont simples et claires. Le client ne voit que ses besoins. Avantage exclusif, supériorité unique pouvant constituer l'argumentation principale qui différenciera le produit de ses concurrents.
Promesse	Dans le cadre d'une marque, la promesse devient « promesse client » et matérialise l'engagement de l'entreprise à l'égard de ses clients. C'est l'engagement de l'entreprise vis-à-vis de ses clients. La promesse doit être simple et unique.

Fonction marketing à définir	Les fondamentaux pour réussir une campagne marketing produit ou politique
Différentiation	Mise en évidence de différences destinées à distinguer l'offre d'une entreprise de celle de ses concurrents. Performance du produit ou du politique, sa fiabilité, son style, son look & feel.
Segmentation	Segmenter un marché consiste à le découper en sous-ensembles homogènes de consommateurs selon les critères pertinents pour le marché considéré, à choisir les critères de segmentation pour analyser les profils de consommateurs dans chacun des segments.
Positionnement	Le positionnement est un choix stratégique qui cherche à donner une position crédible, différente et attractive au sein d'un marché et dans l'esprit des clients. Le positionnement : – cherche donc à influencer la perception de l'image du produit ; – doit s'exprimer dans l'ensemble de la communication de l'entreprise ; – doit être crédible et sa perception doit être vérifiée par des études. Un bon positionnement passe par une analyse de la concurrence et du champs d'action possible.

Annexe 2

Les dix commandements d'un marketing produit performant

1) **Éduquer** et accompagner le client et l'orienter sur d'autres valeurs que le simple rapport consommation/prix.

> **Exemple *best practice***
>
> Grâce à Internet, le développement des photos numériques devient un jeu d'enfants et de surcroît à faible coût. Pourtant les points de vente de Photo Services sont toujours présents. En focalisant l'attention de ses clients sur la qualité de ses prestations, la référence de son professionnalisme et une hospitalité très développée de ses points d'accueil, la marque résiste à la déferlante Internet.

2) **Conforter** le client dans ses choix en lui donnant des ***« Reasons Why »*** rassurantes (pourquoi nous choisir ?). Au-delà de la relation purement commerciale, le client doit se sentir impliqué « affectivement » par la marque et les services qu'elle apporte.

Exemple *best practice*

Darty et son contrat de confiance :

– Article 1 – les prix : le remboursement de la différence.

– Article 2 – le choix : le choix le plus large possible.

– Article 3 – la livraison : rapidité et gratuité.

– Article 4 – l'enlèvement de l'ancien matériel : un service gratuit lors de la livraison.

– Article 5 – l'assistance téléphonique : 7 jours sur 7.

– Article 6 – les garanties : gratuité des interventions pièces, main-d'œuvre, frais de déplacement, de réglage et de réparation.

– Article 7 – les interventions : 7 jours sur 7, le jour même de l'appel.

– Article 8 – le prêt d'un appareil de remplacement.

– Article 9 – la prolongation de garantie en cas d'immobilisation.

– Article 10 – les extensions de garantie : le contrat de dépannage.

3) Observer le **cycle de vie** des clients et répondre à une attente lors d'un **moment-clé**.

Exemple *best practice*

Programme Nestlé Naissance :

- lobbying auprès des maternités.
- boîte cadeaux à destination de la maman.
- constitution d'une base de données.
- suivi de la relation.

4) Multiplier les **occasions d'échanges** avec le client sur l'utilisation de l'énergie.

Exemple *best practice*

– Danone et son programme relationnel « Danone et vous » centré sur la santé, la nutrition et le bien-être au quotidien.

– Nestlé et son programme relationnel « mieux manger, mieux vivre ».

– Heinkel et son programme relationnel « le plaisir d'être chez soi ça s'entretient ».

5) Démontrer en permanence au client qu'il a fait **le bon choix**.

Exemple *best practice*

« Vous ne viendrez plus chez nous par hasard. » Avec cette promesse appuyée par des preuves concrètes de services, Total a traversé bien des tempêtes et des vagues de boycott :

– qualité de l'accueil.

– mise à disposition de gants et de serviettes pour les manipulations en self-service.

– boutique intégrée avec grande souplesse horaire.

– nurserie propre et bien équipée.

– station handibip pour les handicapés.

6) Satisfaire l'ensemble des **attentes du client**.

Exemple *best practice*

Le Crédit Mutuel est « La banque à qui parler ». Pour renforcer sa promesse, l'enseigne développe des services destinés à étendre la chaîne de services banque-assurance :

– innovation des prêts permettant d'épargner tout en remboursant.

– intégration des produits d'assurance classiques et innovations du type prêt auto/assurance auto/entretien auto.

– prolongement des produits d'assurance vers le confort de l'habitation : télésurveillance et alarme.

7) Donner au client le **sentiment de choix**.

Exemple *best practice*

Renault et sa gamme Traffic : segmentation des attentes marché selon le volume, le poids de chargement, la fréquence de livraison, les distances parcourues. Ainsi, au livreur en milieu urbain, le constructeur propose un Trafic Fourgon court, pavillon surélevé, traction avant. Et le maçon, lui, se voit proposer un Traffic Châssis avec propulsion arrière (charge importante).

8) Offrir au client des **alternatives thématiques riches** regroupant plusieurs services : « Pack créateur. »

> **Exemple *best practice***
>
> France Télécom : offre créateurs d'entreprise, « partenaire de votre développement ».
>
> Maaf et AXA : offre un pack multiservice.

9) Donner au client des possibilités de **personnalisation** de l'offre : « à la carte. »

> **Exemple *best practice***
>
> Noos : bouquet TV + options de chaînes à la carte (chaînes cinéma, canal +, pack Disney…).
>
> Internet : les fournisseurs offrent un choix de services.

10) **Se faire désirer** en pré-orchestrant la pénurie.

> **Exemple *best practice***
>
> 10 000 Playstations et pas plus. Chaque lancement d'une nouvelle génération de consoles de jeu fait l'objet d'une pénurie annoncée. Quant au lancement de chaque nouveau tome des aventures du jeune sorcier Harry Potter, il donne lieu à quelques scènes d'hystérie dignes d'un concert des Beatles.

Annexe 3

Les voies de la différence

Classiquement, quatre grands thèmes sont retenus par les professionnels.

1) Les attributs et les performances du produit

Les rasoirs et les lames Gillette rasent plus près.

Intermarché est une enseigne en guerre contre la vie chère.

20 Minutes est un quotidien gratuit d'informations.

Les logiciels Microsoft sont les plus vendus au monde.

Banette est la marque de ceux qui aiment le bon pain.

2) L'imaginaire de la marque ou du produit

Nicolas Sarkozy est le ministre de l'Intérieur qui fait reculer les violences.

Ségolène Royal est une femme.

Milka est un chocolat suisse, pays du chocolat.

Les magasins Décathlon sont d'immenses terrains omnisports.

La SNCF a toujours une idée d'avance.

L'Humanité est le quotidien du PCF.

Quick ou quand le fast-food ne sacrifie pas le goût.

3) Les publics auxquels l'offre est destinée

LCL est la banque de ceux qui en demandent plus à leur argent.

Filles TV est la chaîne destinée aux adolescentes.

Elle est l'hebdomadaire de la femme contemporaine.

Kinder est le chocolat des enfants.

4) Les modes de vie et les situations de consommation

IPod est le lecteur MP3 de la liberté et du mouvement.

Transilien est la marque de transport de ceux qui laissent leur voiture au garage.

Monoprix est l'enseigne des citadins.

Annexe 4

Exemple de plan de brief d'une agence de publicité pour réussir le lancement d'un produit

1- Historique : rappel stratégie entreprise, gamme, produit, marque…

2- Contexte : pourquoi faut-il effectuer une action de communication ?

3- Objectif marketing : que cherche-t-on à obtenir du consommateur à travers cette action de communication ? Que souhaite-t-on obtenir pour l'entreprise ?

4- Cible : qui vise-t-on ? Attitude, comportement ? Freins, attentes, perception, ressenti ? Portrait chinois. Verbatims études.

5- Offre : description, positionnement, promesse, bénéfices clients, preuves…

6- Concurrence : marque/produit/points forts et points faibles perçus. Benchmarks détaillés en annexes.

7- Dispositif de marketing opérationnel envisagé
Promotion ? Dispositif médias ? Recommandations éventuelles de la centrale d'achat d'espaces ? Déclinaisons canaux de distribution ? Trade marketing ?

8- Objectif de communication
Quel message cherche-t-on à faire passer au consommateur ? Quel problème la communication doit-elle résoudre ? Quelle faiblesse du mix la communication doit-elle combler ?

9- Travail demandé à l'agence
Conviction stratégique, réflexion sur articulation communication média, pistes créatives…

10- Contraintes/interdits/opportunités/budget/planning
Les contraintes peuvent s'exprimer sur un plan créatif (chartes, ton imposé), technique (format déterminé), juridique, commercial…

Annexe 5

Comment rédiger un bon plan marketing

1- Résumé managérial

2- Le marché et l'environnement

- ❑ Caractéristiques du marché.
- ❑ Segmentation et attentes clients.
- ❑ Concurrence.
- ❑ Distribution.
- ❑ Facteurs d'influence directe ou indirecte de l'environnement.

3- Le produit

- ❑ Définition du produit.
- ❑ Bénéfices clients.
- ❑ Historique du mix marketing.

4- Diagnostic : forces, faiblesses, opportunités, menaces

5- Stratégie produit et objectifs marketing

- ❑ Stratégie marketing produit.
- ❑ Objectifs qualitatifs.
- ❑ Objectifs quantitatifs.

6- Positionnement et promesse

- ❑ Positionnement concurrentiel.
- ❑ Position dans la gamme existante.
- ❑ Promesse clients.

7- Définition du mix marketing

- ❑ Mix produit.
- ❑ Pricing.
- ❑ Distribution.
- ❑ Communication et promotion.
- ❑ Relation client, fidélisation et rétention.
- ❑ Synthèse du mix marketing.

8- Planification des actions marketing

- ❑ Planning de déploiement (contraintes SI, création…).
- ❑ Plan de communication global (lancement, récurrent interne ou externe).
- ❑ Plan média.
- ❑ Planning promotionnel.
- ❑ Plan relationnel clients.

9- Compte d'exploitation prévisionnel

10- Modalités de suivi et contrôle

- ❑ Reporting et indicateurs de suivi.
- ❑ Actions correctrices prévisibles.

Index

Index des marques

M

N

Composé par ***Style Informatique***

IMPRIM'VERT
Votre imprimeur agit pour l'environnement

Dépôt légal : mai 2007 - N° d'éditeur : 3479
IMPRIMÉ EN FRANCE - Imprimeur n° 11683

Achevé d'imprimer le 4 mai 2007
sur les presses de l'imprimerie « La Source d'Or » - 63200 Marsat